前　言

　　基于视觉的运动人体的行为识别有着广泛的应用前景，但大量的成果都集中在模版匹配法、状态空间法中。这两种方法的识别结果与人类的理解存在语义鸿沟，基于语义方法可以克服这个缺陷，但成果却很少。本书的主要目的是研究融入场景敏感度、人物身份的运动人体行为的语义计算方法。为实现此目的，本书进行了以下几方面的研究：

　　（1）研究了基于 Beowulf 机群中改进的粒子滤波的三维人体运动跟踪算法。该算法通过三维人体模型参数的自动初始化、粒子数目和模板的调整来实现跟踪失效的自动恢复；并基于任务动态分配策略和低开销通信策略设计了 Beowulf 机群中的迁移式粒子滤波并行算法，用以解决粒子退化问题和提高计算速度。

　　（2）为提高场景识别率和提取场景高层语义，提出了基于四层树状语义模型的场景语义识别新方法。四层语义模型包括视觉层、概念层、关系层和语义层。提取训练样本场景实物的颜色、颜色层次和轮廓得到视觉层；同类场景中实物的名称（概念单词）的交集构成了概念层；统计概念单词的频率并对概念单词的空间位置关系进行关联规则的数据挖掘，得到关系层；计算关键概念单词与 PSB 标准模型语义属性分类树的语义相似度，得到场景高层语义。计算测试样本的底层特征后，通过检索视觉层得到概念单词，通过检索概念单词的频率和空间位置关系关联规则得到场景分类。场景分类、场景高层语义、场景概念单词构成场

1

景语义的识别结果。

（3）为提高身份识别率和减少识别时间，提出了一种人体身份识别的认知物理学方法。该方法将人脸特征和步态特征用数据场进行表征，利用数据间的相互作用和运动实现数据的自组织聚类，以这种非线性变换的方式实现身份特征数据的降维。对降维后的样本库以最大势函数值进行排序，实现了离散点快速检测和样本检测的二分法查找。基于改进后的 D-S 证据论对人脸和步态识别结果进行融合。

（4）现有的语义方法未融入场景语义和人物身份，缺乏对复杂行为的有效识别和描述，因此本书提出了一种基于层次化概念空间的视频图像人体行为语义计算新方法。该方法引入认知学的概念空间，建立了层次化的运动概念空间，将复杂的运动分解为原子运动概念层、简单行为概念层和事件行为概念层。原子运动层细分为身体移动、肢体和姿态的原子运动，从大尺度、中尺度和小尺度提取了人体运动的特征。概念激活函数实现了原子运动的检测，时空逻辑规则实现了简单行为语义的识别。本书提出的七元组语义模型融入了场景语义和人物身份，实现了对事件行为的建模和识别。

• 四川省教育厅资助项目(14ZA0257)
• 绵阳师范学院资助项目(QD2012A02, QD2017A006, Mnu-JY1665)

YUNDONG RENTI XINGWEI YUYI JISUAN JISHU

运动人体行为语义计算技术

李敏 著

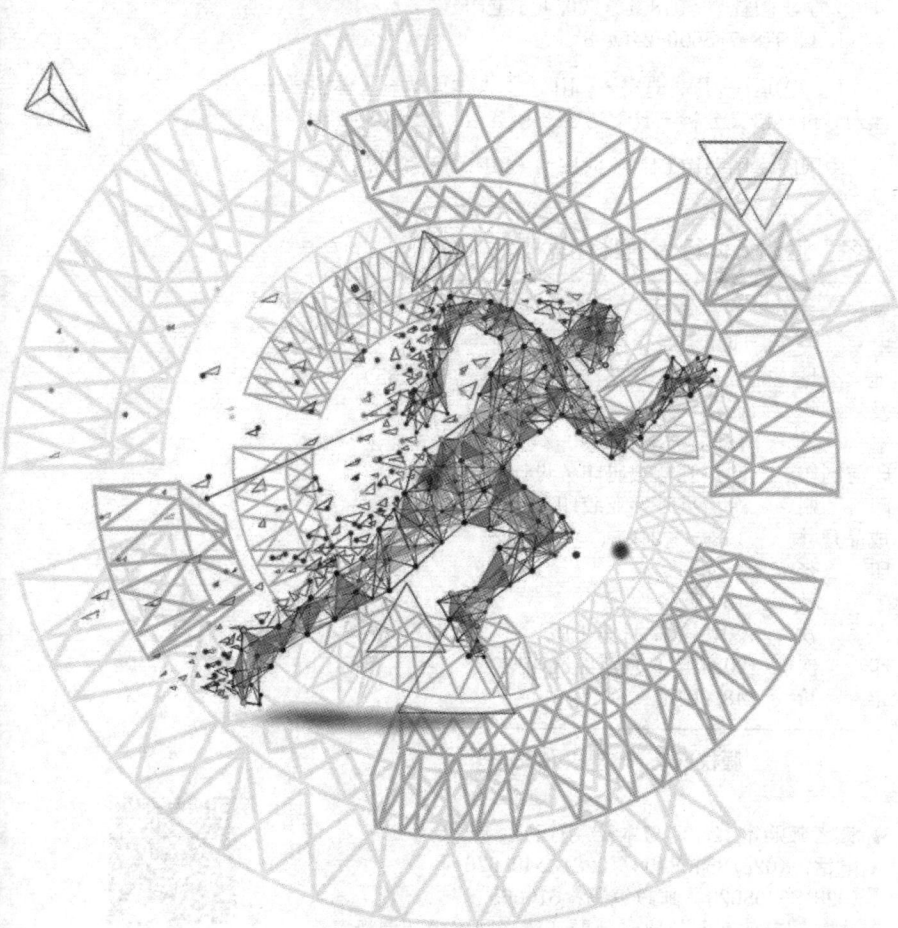

四川大学出版社

项目策划：梁　平
责任编辑：梁　平
责任校对：傅　奕
封面设计：璞信文化
责任印制：王　炜

图书在版编目（CIP）数据

运动人体行为语义计算技术 / 李敏著. — 成都：
四川大学出版社，2018.10（2024.6 重印）
ISBN 978-7-5690-2454-8

Ⅰ．①运… Ⅱ．①李… Ⅲ．①人体运动－人体科学－
行为分析－语义分析－计算方法－研究 Ⅳ．① G804.62

中国版本图书馆 CIP 数据核字（2018）第 235934 号

书　名	**运动人体行为语义计算技术**
著　　者	李　敏
出　　版	四川大学出版社
地　　址	成都市一环路南一段 24 号（610065）
发　　行	四川大学出版社
书　　号	ISBN 978-7-5690-2454-8
印前制作	四川胜翔数码印务设计有限公司
印　　刷	永清县晔盛亚胶印有限公司
成品尺寸	148mm×210mm
印　　张	6
字　　数	162 千字
版　　次	2019 年 7 月第 1 版
印　　次	2024 年 6 月第 2 次印刷
定　　价	48.00 元

目　录

第 1 章　概论

1.1　研究意义

　　绝大多数研究人类起源的专家认为，通过语言进行交流是人类区别于其他生物最显著的特征，也是人类文明发展的关键一步。随着信息技术的整体发展，每天都有海量的视频信息产生，而让计算机系统能像人的思维方式一样，将视频序列信息进行抽象，转化成自然语言，一直是计算机视觉领域的研究热点。用语言进行信息的记录和信息的传承以及信息的交流是人类特有的能力，所以按照人的认知和思维过程来建立计算机系统从输入视频图像信息到输出自然语言是一个很有价值的技术研究方向。

　　将视频图像信息转化为自然语言的技术手段叫作语义计算，本书从运动人体行为语义计算入手，研究动态视频中运动人体行为的语义理解，具有重要的科学意义。该研究属于多学科交叉的研究，涉及认知科学、人工智能、计算机科学等领域。

　　从认知科学的角度来看，虽然人类有很多感知外界的方式，但通过视觉获取的信息占信息获取量的 80% 左右，所以探索人类视觉系统的工作原理具有重大的科学意义。目前，人类视觉系统获取信息、转化信息、加工信息和存储信息的原理，特别是将动态图像信息转化成自然语言这一"认知压缩"的机理尚未明确。

　　从人工智能的角度来看，计算机视觉的最终目的就是希望机器能有和人一样的视觉系统，能够实现对运动物体的跟踪、行为语义提取，进一步用自然语言对行为进行描述和规划。视觉系统是人工智能机器的关键感知系统，因此研究动态图像序列的语义计算理论与模型是人工智能领域的重大科学问题。

从计算机科学的角度来看，计算机系统需要新一代的人机交互技术。键盘、鼠标、显示屏等传统的交互技术已经远远不能给使用者提供更好的用户体验。运动人体行为语义计算则为计算机系统的人机交互提供了全新的理论支持。

研究动态视频中运动人体行为的语义理解技术有着广泛的应用价值，主要包括：①类人机器人技术；②智能监控系统；③虚拟现实技术；④新一代人机交互接口；⑤人体运动分析；⑥基于模型的视频信息压缩编码[1]。就智能监控系统来说，视频监控系统在全球范围内都已经是常用的安保措施，但目前的监控系统还没有真正实现智能化，应用时主要依靠人工值守。人工值守很容易出现疲倦和疏漏问题，现在监控系统迫切需要在无人值守的情况下对视频信息进行描述和理解从而实现报警和预警。让计算机系统协助或代替人来实现智能监控，就需要实现对动态图像序列语义计算。虚拟现实技术在工业、教育、科研辅助领域都有着重大的应用价值，动态图像序列的语义计算的实现，是虚拟现实技术在人体信息获取方面的技术基础。人体运动分析主要应用在医疗和运动员训练领域，在运动人体行为语义计算关键技术的研究中，人体运动跟踪是其关键技术之一，人体运动跟踪技术的发展对人体运动分析将有直接的推动作用。随着互联网技术的发展，海量的视频信息出现在网络上，如何对海量的视频信息进行压缩编码和快速检索是人们不得不面对的问题。运动人体行为语义计算将为视频信息压缩编码和快速检索提供技术支持。

综上所述，运动人体行为语义计算具有重大的理论意义和广泛的应用价值。

1.2 研究现状

运动人体行为语义计算是人体行为识别技术的实现方法之一，研究其现状首先需要研究人体行为识别技术的发展现状。人体行为识别技术广泛的应用前景和丰厚的经济价值，吸引着全世界范围内政府、大学、科研机构、商业机构对其投入大量人力、财力来推动该项技术的不断发展。1997 年，美国国防高级研究计划局（DARPA）先后设立了视频监控重大项目 VSAM（Visual Surveillance And Monitoring）和 HID（Human Identification at a Distance）计划[2]。

欧盟于 1999 年由 Frameworks 程序委员会设立重大项目以资助 ADVISOR 系统。该项目立足于民用功能，主要是针对公共场合的个体和群体的行为识别和分析以及人机交互方式的研究。英国雷丁大学在英国政府的支持下，先后开展了公共场合人群监视和行为识别的鲁棒性方法、视频序列理解的评估、拥挤场合公共安全的综合监控等项目。奥地利和欧盟科学基金会联合资助了大型的视频监控项目——飞行器周围环境、分类车辆和个人的跟踪以及行为的检查和解释[3]。近几年，无论是美国还是欧盟，基于视觉的行为识别技术在军品和民品中已经有了成熟的应用。

在我国，虽然人体行为识别技术起步较晚，但是也引起了政府和科研机构的足够重视。中国科学院成立了生物识别与安全技术研究中心，该中心隶属于中科院自动化所模式识别国家重点实验室。北京大学、清华大学等高校也设立了各种科研课题对此领域开展研究。国家自然基金委、国家 863 项目、国家 973 项目都对此领域的各类项目进行了立项资助。2005 年以来，我国公安部、交通部、科技部联合实施了"天网工程""平安城市""智能交通系统"等一系列项目，搭建了大量的视频监控软硬件平台。这些平台为运动人体行为识别提供了广阔的应用空间。此外，军事、新形势下的反恐等领域也为运动人体的行为识别提出了迫切的发展需求。

人体行为识别技术是一个复杂、多样和充满挑战的领域，近年有大量的学者进行了研究，并且取得了丰富的研究成果。表1.1罗列了近年的主要研究成果，表1.2罗列了主要的技术手段和算法的发展情况。

表 1.1　人体行为识别技术主要发展成果

时间	作者	主要贡献
1994	Aggarwal[4]	普通非刚性运动的识别
1994	C. Cedras[5]	运动检测
1994	C. Cedras[6]	运动和运动轨迹跟踪
1997	Aggarwal[7]	人体运动分析：身体部分，多重跟踪
1997	Bobick[8]	关于运动的机器视觉
1999	Aggarwal[9]	图像序列的单镜头和多镜头跟踪
1999	Gavrila[10]	基于 2D 和 3D 模型的人体行为识别
2001	T. B. Moeslund[11]	运动捕捉和跟踪，姿势估计和识别
2002	王亮[12]	人体运动检测和行为识别
2003	Buton[13]	场景理解
2003	Wang[14]	基于身体部分跟踪实现行为识别
2004	胡卫[15]	自动场景中的视频监控系统
2005	Valera[16]	自动监控系统
2006	Yilmaz[17]	人体运动跟踪
2006	Moeslund[18]	初始化、跟踪、姿态估计、识别
2007	Poppe[19]	基于模型的运动自由方法

续表1.1

时间	作者	主要贡献
2007	Gandhi[20]	行人保护行为模型
2007	Pantic[21]	HCI 语境下的行为识别
2008	Ko[22]	视频监控、行为分析
2008	Kumar[23]	多模型框架下的数据融合
2008	Turaga[24]	人体运动检测
2008	Zhou[25]	运动跟踪和恢复
2009	Enzweiler[26]	行人检测系统
2009	Wei[27]	人体行为识别
2009	G. Lavee[28]	视频事件的理解（抽象和模型）
2010	Geronimo[29]	行人保护系统
2010	Gandamo[30]	人体行为识别在运输上的应用
2010	Poppe[31]	图像描述和行为分类模型

表 1.2 人体行为识别算法主要发展成果

模型框架、学习算法和技术	采用该算法的文献
改进的利他向量量子化算法（AVQ）	[32]
基于马尔科夫模型	[33]，[34]
明确的状态持续 ESD-HMM	[35]
基于改进贝叶斯的半监督 HMM	[36]
基于混合高斯模型的 HMM	[37]
持续状态的 HMM	[38]
双模型 HMM	[39]
无限隐马尔科夫模型（iHMM）	[40]
双观察 HMM（MOHMM）	[41]

模型框架、学习算法和技术	采用该算法的文献
HDP-HMM	[42]
HMM-SVM	[43]
马尔科夫随机场（MRF）	[44]
概率规则内容分析（MPPCA）	[45]
贝叶斯模型分类器	[46]
动态贝叶斯网（DBN）	[47]
簇（分类器）	[48]
泊松模型	[49]
模糊K均值算法	[50]
模糊C均值算法	[51]
共现统计和二元共现簇	[52]
支持向量机（SVM）	[53]
双层支持向量机（SVM）	[54]
模糊神经网络	[55]
基于规则	[56]
基于距离函数	[57]
基于相似函数	[58]
概率潜在语义分派	[59]
自组织矩阵	[60]

从表1.1可以看出，人体行为识别技术研究成果已经涵盖了其技术手段的各个环节，包括运动检测、轨迹跟踪、场景理解、运动跟踪与恢复、数据融合等。从表1.2的研究成果看出，在人的行为识别与理解技术研究领域的主要三个手段中，模版匹配法[57-60]（典型的模板匹配法有基于规则、基于距离函数、基于

6

相似函数、基于自组织矩阵法等）和状态空间法[32-47]（典型的代表有 SVM、DBN、MRF 以及对应改进的方法）有着大量的研究成果，但这两种方法的缺陷是识别结果与人类的认知之间存在语义鸿沟。基于行为语义计算的方法可以跨越这个语义鸿沟[21,28]，但目前的成果较少。运动人体行为识别研究主要分为三个层次：底层研究、中层研究和高层研究。底层是指信息采集、关键帧提取以及信号去噪处理等环节；中层是指运动人体检测与跟踪、行为识别与理解、异常行为判定与处理、运动轨迹分析、手势识别与理解等。高层研究则是指对运动人体的行为进行建模，根据场景敏感度对人体行为进行语义描述与推理[61,62]。对于底层研究和中层研究，相关的技术已经发展了数十年，各类研究成果已经相当丰富。运动人体行为识别的高层次研究就是研究如何实现运动人体行为的自然语言描述和计算推理。此项技术是在底层研究和中层研究的基础上发展起来的，近几年才兴起，已经越来越受到各国研究机构和学者的关注。

1.3　研究目的与研究内容

1.3.1　研究目的

以现有的相关研究成果为基础，通过研究三维人体运动跟踪的实时方法、研究场景语义的提取方法和人物身份的识别方法从而研究融入场景敏感度、人物身份和人体运动的语义计算方法，将电子科学、计算机科学、认知科学的相关研究方法相结合，实现对视频信息中运动人体行为、场景、身份等关键信息的提取和自然语言的描述。

1.3.2 研究内容

为了实现以上研究目的，本书对以下内容开展了相应的研究：

（1）视频场景中三维人体运动跟踪。

针对标准的粒子滤波算法在视频三维人体运动跟踪中存在的计算量巨大、粒子退化、跟踪失效而无法同时满足跟踪精度和跟踪实时性要求的问题，提出了基于 Beowulf 机群中改进的粒子滤波新算法。新算法通过三维人体模型参数的自动初始化、粒子数目和模板的调整来实现跟踪失效的自动恢复；并基于任务动态分配策略和低开销通信策略设计了 Beowulf 机群中的迁移式粒子滤波并行算法，用以解决粒子退化问题和提高计算速度。

（2）视频场景的分类与高层语义提取方法。

场景分类的主要方法有基于底层特征的方法和基于中高层图形特征的方法，前者缺乏语义描述能力并且时间复杂度大，后者识别率低。借鉴两类方法的优势，提出了基于四层树状语义模型的场景语义识别新方法。四层语义模型包括视觉层（图像的底层特性）、概念层（场景实物的名称）、关系层和语义层。提取训练样本场景实物的颜色、颜色层次和轮廓得到视觉层；同类场景中实物的名称（概念单词）的交集构成了概念层；统计概念单词的频率并对概念单词的空间位置关系进行关联规则的数据挖掘，得到关系层；计算关键概念单词与 PSB 标准模型语义属性分类树的语义相似度，得到场景高层语义。计算测试样本的底层特征后，通过检索视觉层得到概念单词，通过检索概念单词的频率和空间位置关系关联规则得到场景分类。场景分类、场景高层语义、场景概念单词构成场景语义的识别结果。

（3）视频场景中运动人体身份识别方法。

本书提出了一种人体身份识别的认知物理学方法，将物理学中物质间相互作用及场的描述方法引入抽象的数域空间，将人脸特征和三维的步态特征用数据场进行表征，借鉴物理学中的力学和运动学原理，利用数据的相互作用和运动对数据进行自组织聚类，以此非线性变换的方式实现身份特征数据的降维。对样本库以最大势函数值进行排序，实现了离散点快速检测和样本检测的二分法查找，从而大幅降低了查找时间。基于改进后的 D-S 证据论对人脸和步态进行融合，提高了人体身份的识别率。

（4）视频中运动人体大尺度时空位置关系的自然语言描述方法。

本书提出一种通用型 13 元组运动人体时空描述模型，可以在二维至三维空间中用自然语言描述运动人体的时空拓扑关系与方向关系。

（5）运动人体行为语义计算的实现方法。

现有的语义方法未融入场景语义，缺乏对复杂行为的有效识别和描述，基于语义描述的人体行为识别方法能跨越视频图像底层特征与人类认知的"语义鸿沟"。本书提出了一种基于层次化概念空间的视频图像中人体行为语义识别新方法。该方法引入认知学的概念空间，建立了层次化的运动概念空间，将复杂的运动分解为原子运动概念层、简单行为概念层和事件行为概念层。原子运动层细分为身体移动、肢体和姿态的原子运动，从大尺度、中尺度和小尺度提取了人体运动的语义特征。概念激活函数实现了原子运动的检测，时间和空间逻辑规则实现了简单行为语义的识别。本书提出的七元组语义模型融入了场景语义和人物身份，实现了对事件行为的建模和识别。

（6）本书采用的技术路线。

图 1.1 描述了本书采用的主要技术路线，后面章节将对该技术路线的具体实现方法进行阐述。本书结构安排如下：第 2 章介绍视频场景中三维人体运动跟踪方法；第 3 章描述视频场景语义

识别方法；第 4 章阐述视频场景中运动人体身份识别方法；第 5 章介绍视频中运动人体时空关系的自然语言描述方法；第 6 章描述运动人体行为语义计算的实现方法；第 7 章是总结与展望。

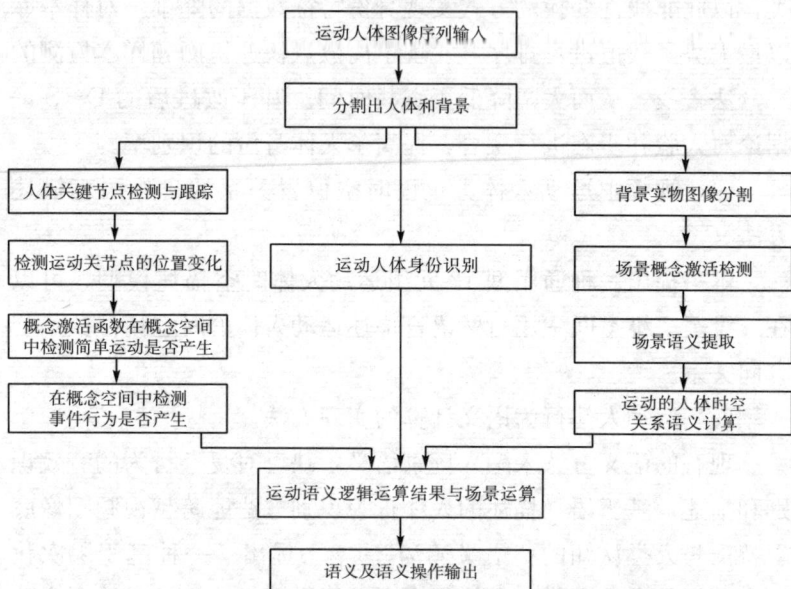

图 1.1　本书的技术路线

1.4　运动人体行为语义计算关键技术相关研究综述

运动人体行为语义计算技术目前已经有了一个相对明确的技术框架，如图 1.2 所示。由图 1.2 可以看出，运动人体行为语义计算技术框架涉及视频中三维人体运动跟踪、场景的语义识别、视频中人体身份识别和运动人体本身语义四个方面的技术。本节将关注运动人体行为语义计算相关技术研究综述，从运动人体的人体运动跟踪、场景分类与语义识别、运动人体身份识别和运动人体行为语义识别四个方面进行归纳和总结，分类介绍现有的科研成果，并对该领域研究将来的发展方向进行展望。

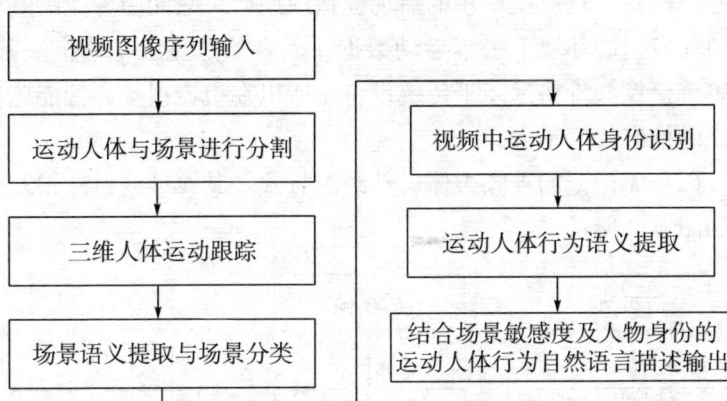

图 1.2　运动人体行为语义计算技术框架

1.4.1　语义及语义计算的定义

以自然语言中的概念和概念空间为基础，结合文献［63］中关于语义的相关概念，我们得到语义和语义计算的定义。

语义：语义是概念与其在概念中的表达关系（本书中的概念激活函数是表达方式之一）以及不同概念在时间、空间及因果上的联系。

语义计算：寻找语义的方法。

1.4.2　三维人体运动跟踪技术发展概述

为了实现视频序列中对运动人体的语义描述，一个重要的环节就是对运动人体的检测与跟踪。检测是跟踪的前提，其目的是找出运动人体，跟踪的目的是聚焦运动人体和捕捉人体的运动参数。目前，人体运动跟踪主要有两种方式：

（1）有标记的运动捕捉设备或深度摄像机，前者需要人体佩戴专用标签，这对使用者的活动会造成妨碍，只能由专业的制作公司在专门的环境下采集运动数据。后者虽然克服了这个缺陷，但单个摄像头价格远高于传统设备，所以在机器视觉、智能监控领域的推广价值不大。

（2）无标记的视频人体运动跟踪方式，其典型的目标跟踪框架如图 1.3 所示。

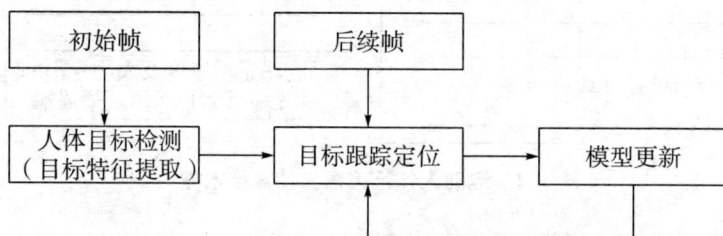

初始帧　　　　　　后续帧

人体目标检测（目标特征提取）　　→　　目标跟踪定位　　→　　模型更新

图 1.3　目标跟踪框架

实现目标检测可以对目标的特征建模，在后续图像中通过特征对目标进行定位，从而实现对目标的跟踪。模型更新指为保证跟踪的准确性对目标和背景建模进行的调整，无标记的视频人体运动跟踪方式主要有四种：

①模版匹配法。

模版匹配是最简单的一种目标跟踪方法，通过初始帧对目标进行定义，用目标的灰度、颜色等特征建立模版，在后续帧中通过遍历搜索找到目标的下一个位置。模板匹配法虽然算法简单、容易实现，但是对于运动人体这种尺度易变化的目标跟踪很容易失效，并且很难实现对运动人体的关键节点进行跟踪，无法捕捉到细节的运动信息。

②均值漂移法。

与模版匹配法相似，均值漂移法[64]通过迭代搜索寻找与目标模型最相似的区域实现目标的跟踪，由于改变了搜索方法，其跟踪效率远高于模版匹配法，但是同样很难实现对运动人体的关键节点进行跟踪，无法捕捉到细节的运动信息。

③贝叶斯滤波法。

动态空间模型[65]是用系统方程来描述运动状态随时间变化的情况，用观测方程描述观测值与噪声的关系。动态空间模型用到（1-1）和（1-2）两个方程：

系统方程：　　　　$x_n = f(x_{n-1}, u_{n-1})$　　　　　　（1-1）

观测方程：　　　　$y_n = h(x_n, v_n)$　　　　　　　（1-2）

系统方程和观测方程中：x_n 指系统在时刻 n 的状态，y_n 是 x_n 观测值，u_{n-1} 是系统的过程噪声，v_n 是系统的观测噪声，$f(\ )$、$h(\ )$ 是有界非线性映射函数。

贝叶斯滤波法就是建立在动态空间模型上的一种递推跟踪方法，也是适用于无标记视频人体运动跟踪的方法。贝叶斯滤波法有两种：KALMAN 滤波方法和粒子滤波方法。

A．KALMAN 跟踪方法。

该方法是一种基于概率的跟踪方法，前提条件是感兴趣的跟踪区域的分布是高斯模型。该方法的有效运行需要两个条件：一是信号系统是线性动态系统，二是随机噪声是高斯模型分布。这两个条件对于人体运动跟踪来说，在现实的物理世界是很难满足的，所以该方法的跟踪精度远远达不到要求。

B．粒子滤波跟踪方法。

该方法是一种近似的求解方法，可以解决跟踪中的非线性动态特性。粒子滤波方法是通过随机模拟和统计试验来求解数学、物理等领域中的近似解的数值方法。粒子滤波虽然具有描述非线性系统和处理高维空间的能力，但该方法的最大缺点是运算量巨大。为了满足跟踪精度，需要提取大量的样本点，比如一个 10 维的变量，若每个状态取 20 个离散值，设样本的熵 $H=5$，则所

需的样本点个数为 $(20)^{10}/(20)^H$，其值达到了 3200000。这个数字已经相当巨大，而对于实际的三维人体的关节点的跟踪，维数高达 20 维，而且累计的自由度远大于 20，所以样本数量是相当惊人的。现有的经典的粒子滤波跟踪算法虽然能实现三维人体运动的跟踪，但因为运算量巨大，所以实时性远远达不到要求。

为了解决这个问题，很多学者在这方面做出了探索。邓宇[66]等提出了一种基于多角度视频采集数据的三维人体运动跟踪系统，该系统的跟踪框架是结合局部优化算法的粒子滤波框架；Lin、Shih-Yao[67]提出了一种基于动态核函数改进粒子滤波算法的三维人体运动跟踪，将 mean-shift 算法嵌入传统粒子滤波算法中，实现将高维的参数空间降低为低维空间；Chang I-Cheng[68]提出了混合式因素分析器的三维人体运动跟踪方法，用变分法来实现粒子滤波框架下的高维空间向低维空间的变换。目前的降维方法都是建立在抽取主要成分的思路之上，无法同时满足跟踪鲁棒性、跟踪精度和跟踪实时性三方面的要求。

1.4.3 场景语义提取与场景分类技术发展概述

场景信息直接影响着运动人体的行为，相同的行为在不同的场景会有不同的理解。所以场景的情景语义和场景识别是运动人体行为语义识别的关键技术之一。对于场景的研究包括四个方面的技术：①基于数学模型的场景分类方法；②基于语义模型的场景分类方法；③场景对象空间关系的描述；④场景中运动人体时空变化的自然语言描述。本节将分别介绍这些技术的发展现状。

（1）基于数学模型的场景识别。

这类方法都采用了人工智能领域的典型数学成果，包括隐马尔科夫（HMM）、神经网络、贝叶斯网（BN）等。何彦斌[69]等人提出了一种基于 HMM 模型的场景识别方法，指定相关情境信息，以隐含场景集和观察情境集作为参数，利用 HMM 对隐含场景关系进行建模而设计了相应的算法。张月[70]等人提出一种基于部分连接神经网络的场景识别方法。该方法不依赖图像特征值的选取和图像特征数目的精简，而是将每个像素都作为神经网络的输入。还有学者将贝叶斯网和 HMM 结合起来实现对上下文场景的识别[71]。支持向量机（Support Vector Machine，SVM）是近些年发展很活跃的一种分类方法，Luming Zhang[72]在其书中重点考虑了场景的几何特性、空间特性（拓扑、方位等），采用 SVM 实现了空间图像场景的分类。在一些特定的应用中，室内场景的识别也显得很有价值，比如在看护机器人的应用中。有学者[73]用室内的普通物体作为中间描述向量，并用这些向量生成统计空间模型，实现了室内场景的分类和识别。无论是 HMM、SVM、BN 还是其他数学统计模型都是在特定的使用条件下有着优异的表现，但这些模型离实现识别系统的可持续性和普适性还有一定距离。

（2）基于语义模型的场景识别。

提取场景的语义是建立图像低级视觉特征和高级语义之间的关联，是机器视觉和基于内容的图像检索等领域发展的技术保障。自然语言理解中的潜在语义分析（latent semantic analysis）[74]和统计潜在语义分析（probabilistic latent semantic analysis）[75]是目前比较流行的方法。但这两种方法主要还是依赖图形的视觉特征，并未考虑多幅图像代表的场景语义，因此不少学者还在不断进行改进。刘咏梅[76]提出了一种场景语义树图像标注方法，采用一组图像突出要传递的语义内容。另外一种技术发展趋势是将场景语义模型和场景数学模型进行融合，Shuoyan Liu[77]就将视觉词包模型（Bag-of-Visual-words）和 SVM 进行了融合，用混合高斯模型实现语义解释，将低层次视觉信息作为高层次语义概念的支持向量，用信息瓶颈算法来实现视觉词汇的聚类，获取到视觉词汇后，用 SVM 实现对场景的识别。

场景识别目前的研究不是仅仅停留在理论阶段，而是已经有了大量的应用成果。Jiuyue Hao[78]提出一种基于交通场景的语义模型，实现了对交通场景的语义描述。Haojie Wen[79]基于视觉场景语义信息提取，实现了对农业病虫灾害控制的检测。场景语义在人机交互技术中也有成功的应用，纪连恩[80]就提出了基于场景语义的三维交互体系结构。三维场景的语义提取与分析是目前的一个研究热点，除了有机器视觉等传统领域的需求推动之外，三维动漫、游戏设计都在推动其发展。典型的三维语义环境模型构建过程[81]如图 1.4 所示。

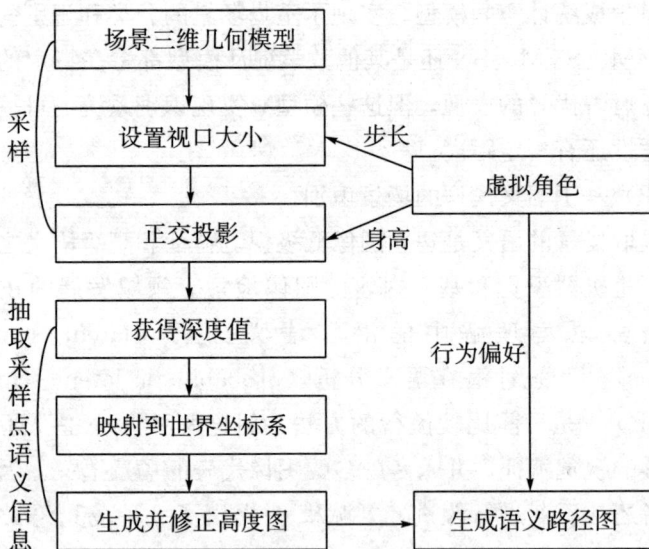

图 1.4　三维语义环境模型构建过程

（3）场景对象的自然语言空间关系。

用自然语言来描述空间实物之间的方向、拓扑和距离关系，称为自然语言空间关系描述[82]。这方面的研究主要有两个方面：

一方面是从自然语言中提取空间关系，形成机器可识别的语言；另一方面是将定量或定性的空间关系转变成自然语言，用于人机交互信息反馈[83]。目前在自然语言空间关系的研究中，主要成果集中在地理信息系统中，包括基于内容的图像检索、空间数据库查询语言和空间数据集的匹配[82-87]。

近年来，机器视觉和智能监控领域在自然语言空间关系方面的研究也有较大进展，出现了三种参考框架：①内部参考框架；②外部参考框架；③观察者参考框架[88-89]。然而这些参考框架都存在两个问题：①方位关系都是基于二维空间进行描述的，方位描述不准确；②都是用单一的参考模型来描述场景中实物的空间关系，不符合人类由浅入深，由简单到复杂的认知习惯。

（4）场景中运动人体的空间关系自然语言描述方法。

运动人体的空间关系必然与时间联系在一起，形成时空关系。就空间关系来讲，主要包括拓扑、方向和距离关系。9 交模型[90]被认为是经典的空间拓扑关系模型，其定义如下：A、B 为简单空间的两个几何对象，∂A、∂B 为 A、B 的边界，A^0、B^0 为 A、B 的内部，A^-、B^- 为 A、B 的外部，A 与 B 的空间拓扑关系表示为：

$$9I = \begin{bmatrix} A^0 \cap B^0 & A^0 \cap \partial B & A^0 \cap B^- \\ \partial A \cap B & \partial A \cap \partial B & \partial A \cap B^- \\ A^- \cap B^0 & A^- \cap \partial B & A^- \cap B^- \end{bmatrix} \quad (1-3)$$

其中的元素都用 0、1 表示空和非空两种取值。典型的时空概念模型[91]如图 1.5 所示。

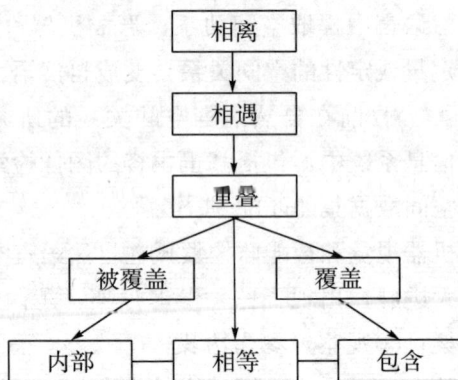

图1.5 时空概念关系模型

专门对运动人体的时空关系进行的研究工作还很少，但有学者对移动对象的时空关系进行了研究。高勇等[92-93]首先基于点集理论建立了移动对象时空拓扑关系模型，在二维欧式空间内，建立了基于时间片的时空数据模型，并研究了移动点对象与地面参考物之间的空间拓扑关系。

1.4.4 视频中运动人体身份识别技术发展概述

基于人的生物特征对人的身份进行识别的技术已经发展了几十年，而且在很多领域已经有了非常成熟的应用。这些识别技术有接触式的和非接触式的，典型的识别手段有指纹、手形、人脸、步态、语音、DNA和签名等。近几年，还有学者研究了基于人耳的身份识别。这些识别技术各有优缺点，表1.3从独特性、普遍性、接受程度和稳定性等技术参数对这些技术做了定性的比较。在运动人体语义研究中，除了对人体的行为本身进行理解外，对识别对象的身份予以鉴别也非常重要。比如在视频监控中，不仅需要系统能知道人是否存在、人在哪里、人在干什么，而且还需要通过人的各种生物特征知道这个人是谁。将人的行为理解与生物特征相结合已经成为运动人体语义计算的主要发展方向之一。本书研究的运动人体语义计算，是以中远距离图像信息作为数据源，所以在表 1.3 中罗列的技术手段中，只有人脸识别和步态识别适合本研究。人脸识别在高清图像或近距离采集图像中有较高的识别率，距离增加时识别率会有所下降。当图像采集的距离变远后，人脸就会变得模糊，脸的特征就会被隐藏，在这种情况下，步态识别技术的使用就显得很有优势。步态识别具有易于感知、非接触、非侵犯、难以伪装和便于远距离信息采集等特点。在近距离情况中，人脸识别技术的识别率一般高于步态识别，所以两种技术都各有所长。将两种技术进行融合，实现互补是一种技术发展趋势。

表 1.3　典型生物识别技术性能比较

生物特征	普遍性	独特性	稳定性	可采集性	识别率	接受程度	防欺骗性
步态	高	低	中	高	低	高	低
人脸	高	低	中	高	低	高	低
指纹	中	高	高	中	高	中	高
手形	中	中	中	高	中	中	中
虹膜	高	高	高	中	高	低	高
视网膜	高	高	中	低	高	低	高
签名	低	低	低	高	低	高	低
声音	中	低	低	中	低	高	低

（1）人脸识别的研究发展现状。

人脸识别技术是指使用信息技术手段从图像或视频序列中抽取人脸特殊的、具有唯一性的特征，从而自动地鉴定人的身份。因此，如何有效地从人脸图像上抽取特征和对每个个体特征进行描述，以此来将一个个体和其他个体区别开，是人脸识别领域的关键技术。在实际的人脸识别系统中，面部个人特征抽取的好坏受表情、姿势、光线、人脸检测、人脸跟踪以及其他因素影响[94—95]。

人脸识别特征提取和描述主要出现了四类方法：①基于几何特征的方法；②基于统计特征的方法；③基于模型的方法；④基于神经网络的方法。早期的人脸识别研究主要是基于几何特征[96]。基本的思路是选择人脸的样貌点（比如鼻子形状、嘴巴形状、两眼距离、眼睛形状等）、所处位置和相互之间的距离作为几何特征，并且用脸的外部形状作为形状信息的补充。这种方法的最大缺陷是识别的精确度主要依靠几何特征的抽取，而这些几何特征提取非常容易受光线、人脸表情影响。近些年，基于统计特性的方法被提出，比如模板匹配法[97]。这种方法将训练人脸图像存入数据库作为模板，该方法的性能优于基于几何特征的方法。贝叶斯[98]方法是一种技术统计特性的方法，被Moghaddam等人成功用于人脸识别。Hidden Markov Model（HMM）——隐马尔科夫模型是一种在人工智能领域广泛应用的模型，在语音识别、行为识别、场景识别领域都有广泛的应用，在人脸识别中也有成功的应用[99]。主动形状模型[100]和主动表象模型[101]是对人脸形状和局部灰度进行建模，是一种非线性的建模编码方式，也被应用于人脸识别。神经网络是人工智能发展的一个分支，在智能处理领域中有着广泛的应用，在人脸识别领域中最具影响力的是动态链接结构（Dynamic Link Architecture，DLA)[102]。

在人脸识别中，人脸图像的维度通常比较高，同时人脸图像的分布在高维度的情况下也比较分散。高维度既需要很大的时间消耗，也对人脸识别没有很好的效果。为了获得人脸图像更简练的分布，有学者采用基于主要成分的人脸分析的分析子空间的方法[103]，这种方法取得了巨大成功。

子空间分析法的主要思路：设定某个应用性能指标，以此性能指标为基础，进行线性或非线性的空间转换，将高维空间的数据压缩到低维子空间中，并使数据在子空间的分布更为简练。它提供了一种描述数据空间的方法，并且能够降低计算复杂度。近年来，出现了很多用于人脸识别的子空间法：主要成分分析法（PCA）、线性判别分析法（LDA）[104]、独立成分分析法（ICA）[105]和非负矩阵因数分解法（NMF）等。这些子空间分析法基于统一的核心功能，这些核心功能分别是核心 PCA（KPCA）[106]、核心 Fisher 判别分析法（KFDA）等。

（2）步态识别的研究发展现状。

步态识别是根据人走路的姿势进行身份识别，最早是医学和心理学的研究课题，其理论基础为：在考虑步态运动的所有信息的条件下，人的步态是唯一的[107-108]。美国国防部高级研究计划署（DARPA）在 2000 年开展的 HID（远距离身份识别）是步态识别研究的一个里程碑，使步态识别成为计算机视觉领域中备受关注的研究方向[109]。

步态识别包括运动检测、周期检测、特征提取和识别算法四个流程。步态识别的技术框架如图 1.6 所示。

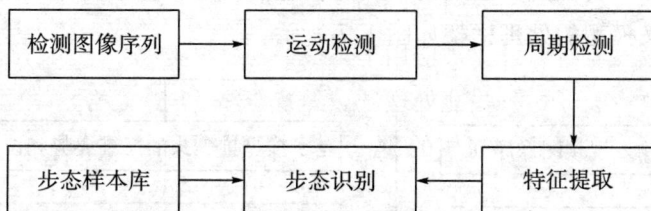

图 1.6　步态身份识别技术框架

图中的关键流程是特征提取和步态识别。典型的特征提取数据包括人体测量学数据、空间时间数据、运动学数据、动力学数据、视频流数据等[110]。

步态特征数据提取的方法包括基于模型的和非模型的方法。

基于模型的方法的典型代表有：椭圆模型[111]——用 7 个椭圆来对人体各个部位建模；钟摆模型[112]——将大腿和小腿建模为连接的钟摆；三维模型[113]——以多角度信息采集为基础或以二维信息实现三维重构而得到三维的步态信息。典型的非模型方法有以光流频率和相位作为特征、以人体轮廓宽度作为特征、以轮廓点到人体质心距离为参数特征[110]等。

典型的用于步态识别的算法有模板匹配法[114]、基于隐马尔科夫模型（HMM)[115]和贝叶斯分类器[116]的统计方法。

1.4.5 基于语义的运动人体行为识别发展概述

运动人体行为语义自然语义的描述方法的基本技术框架：设计一个运动人体语义描述系统，通过检测人身体的某一部位或整个身体的运动参数，利用语义模型将这些参数转化成行为语义，然后再将这些语义填入一定的语言结构中。典型的语言结构是"人（主语）＋人的动作（谓语）＋实物（宾语）"，最后形成短句的自然语言输出[117-122]。

Atsuhiro[117]和他的合作伙伴是比较早实现运动人体行为语义自然语言描述方法的几个学者。他们研究中基于头部检测的运动语义模型的处理框架如图 1.7 所示。

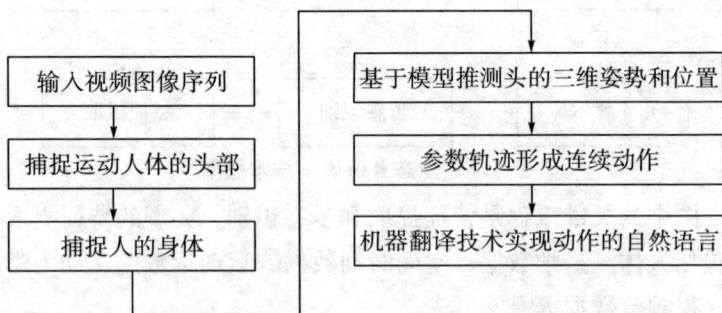

图 1.7 基于头部检测的运动语义模型

　　Atsuhiro 等人按照图 1.7 的技术处理框架实现了客厅、书房等简单场景下单人简单行为的运动人体行为语义识别。

　　Ryoo 和 Aggarwal[118] 在他们的书中提出了一种技术框架——CFG（Context Free Grammar），即上下文无关的方法。这种方法将运动人体的动作分解为原子、组合和交互动作，通过原子动作构成组合动作，两个人以上的组合动作则构成了交互动作。这些动作通过上下文相关的概率统计结构 PCFG（Probabilistic Context Free Grammar）来进行行为的识别，并输出为自然语言的描述。

　　石跃祥[119] 提出了一种二维运动人体语义描述刚体模型，将运动人体在二维欧氏空间中进行了简化，如图 1.8 所示。基于二维运动人体语义刚体模型，石跃祥实现了运动人体的跟踪，并且跟踪的稳定性和可靠性都比较好。

图 1.8　二维人体语义刚体模型

　　潜在语义学习算法是一种广泛采用的运动人体语义描述算法[120]，其结构描述如图 1.9 所示，将时空描述算子采用知识文本模型[121]进行描述时，可以获取较好的实验结果，在这种模型中，特征描述被量化，并且每个片段被抽象成可视的关键词的统计图。

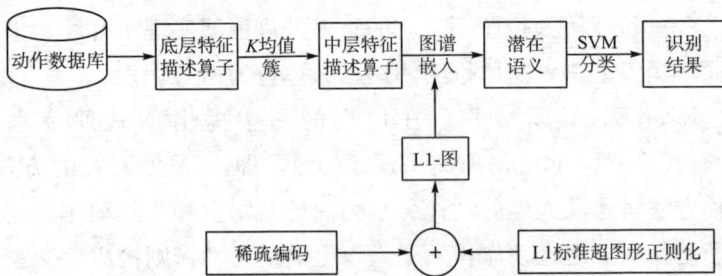

图 1.9 潜在语义学习算法结构框图

Jia Liu[122]在其文章中提出了一种新的语义行为表达方法，提出了一种基于计算人体关键点轨迹的描述算子来实现行为语义识别。为了获得有效的行为表达，空间动作描述算子和空间兴趣点被融合在一起使用。Jia Liu 同时将隐马尔科夫语义模型用于语义特征选择，从而产生语义和语法的约束，最后采用支持向量机分类得到行为识别的结果。

1.5 运动人体行为语义计算关键技术的发展趋势

1.5.1 三维人体运动跟踪发展的趋势

（1）人体图像序列多特征融合。单一的图像特征不能满足跟踪精度的要求，需要将颜色、轮廓、肤色、纹理等人体图像序列的特征进行融合。

（2）跟踪失效的检测与自动恢复。当出现高噪音时，很可能跟踪失效，所以研究如何进行跟踪失效检测和跟踪失效恢复是三维人体运动跟踪需要解决的问题。

（3）跟踪实时性的满足。人体运动跟踪要达到工程应用的水平，就必须满足实时性的要求，需要研究在不影响跟踪精度和跟踪鲁棒性前提下实时跟踪的方法。

1.5.2　运动人体身份识别的发展趋势

（1）人脸识别的非线性建模和非线性变换问题。人脸图像分布是高度非线性的，现有的方法主要都是基于线性变换，因此用非线性方法进行人脸识别是一个发展趋势。

（2）人脸识别计算开销问题。当样本数量较大时，提高识别的计算时间就是一个必须面对的问题，如何在大样本容量下降低计算开销也是人脸识别的一个发展趋势。

（3）步态识别的多特征融合问题。单独的步态特征不能满足步态识别率和鲁棒性的要求，多特征融合是步态识别目前的主要发展趋势。

（4）步态与人脸的融合。步态信息与人脸信息在机器视觉中各有优势，将两种信息进行融合，将有效提高识别效率和识别的鲁棒性，这也是身份识别的主要发展趋势之一。

1.5.3　场景语义识别发展的趋势

（1）建立规范的、权威的、大样本容量的各种场景标准图库。

目前虽然有一些机构建立了标准场景库，但是样本容量、样本包含的场景类别都还需要提升，样本的尺寸和其他基本的图像参数也需要统一。

（2）图像参数的多特征融合。

为了提高识别效率，多特征融合已经是一个发展趋势，数据层、特征层和决策层的融合方法都是提高识别效率的途径。

（3）对场景的高层语义进行挖掘和描述。

对于一个足球场，识别出是足球场是低层次的场景分类，识别出正在进行一场足球比赛或者是否精彩的足球比赛则是高层语义的识别与描述。

（4）在大容量样本的情况下，提高识别效率并降低计算时间。

场景语义识别要达到工程应用的要求，在大样本容量的情况下，如何提高识别效率和降低计算时间将是场景语义识别必须解决的问题。

1.5.4　运动人体行为语义计算方法发展的趋势

（1）考虑场景敏感度的运动人体高层行为语义识别。

在不同的背景下、不同的场景中，同一个运动人体的行为会有不同的解释，会有不同的影响结果。所以，将场景语义的识别和运动人体行为语义识别有机结合起来，对行为理解提供足够的信息量，对实现运动人体行为的准确理解将大有帮助。

（2）融入人体生物特征识别的运动人体高层行为语义识别。

要实现对人的行为进行识别，对人的身份识别也必不可少。有些行为对于某一身份是合理的，对于某些身份却又是不合理的。所以融入人体生物特征特别是身份特征来实现对运动人体的高层行为语义识别也是此项技术的主要发展方向之一。

（3）对人体复杂运动的多尺度多层次的描述方法。

目前的基于语义的运动人体行为识别主要是对简单行为的语义描述，还缺乏对复杂行为语义的多尺度、多层次的描述方法。

（4）以人类语言为基础研究对象的运动人体行为语义计算方法研究。

现有的方法虽然实现了行为的自然语言描述，但主要还是以支持向量机或神经网络等方法进行行为的识别。而语言中的单词、概念才是人类思维的最基本单元，目前缺乏以语言、概念为基础研究对象来建立运动人体语义计算的方法。

第 2 章　基于 Beowulf 机群中改进粒子滤波的三维人体运动跟踪方法

2.1　引言

　　并行计算是提高计算速度的有效途径之一，典型的并行计算机体系结构包括并行向量处理机、对称多处理机、大规模并行处理机和工作站机群等。Beowulf 是一种典型的机群结构，是一种采用廉价设备构建的并行计算机系统[123-126]。粒子滤波方法具有描述非线性系统和处理高维空间的能力，是目前三维人体运动跟踪最有效的方法之一，目前的发展趋势是多特征融合[127-128]。三维人体运动跟踪的标准的粒子滤波算法主要存在三个问题：①运算量巨大；②粒子退化；③跟踪失效的恢复。由于粒子滤波算法运算量巨大，现有的经典的粒子滤波跟踪算法虽然能实现三维人体运动的跟踪，但实时性远远达不到实用的要求。为了解决这个问题，Sminchisescu[129]提出了高斯协方差尺度采样方法，该方法通过引导粒子收敛来降低跟踪所需的粒子数，从而减少运算量。Bray[130]提出了一种智能粒子滤波方法，通过随机元下降进行粒子滤波局部优化来减少运算量。沈建锋等[131]提出了一种结合部件分割和粒子滤波的三维人体运动跟踪方法，该方法将人体部件分割嵌入粒子滤波框架中，使粒子接近高似然区域，通过提高寻找全局最优的概率来降低采样粒子数，从而提高计算速度。

这些方法都是结合局部优化的粒子滤波方法[132]，虽然提高了计算速度，但都是以牺牲跟踪精度和跟踪鲁棒性为代价的，没有同时满足人体运动跟踪精度和实时性两方面的要求。粒子滤波框架能够通过并行计算来实现系统跟踪的实时性，在理论仿真中已经得到验证[133]。目前解决离子退化问题的方法主要是重采样，该方法的缺陷是：根据权值大小来重采样存在重复离子，失去了多样性，容易出现早熟收敛问题。现有的三维人体运动跟踪主要采用手工交互方式对跟踪模型进行初始化[66,134]，当出现跟踪失效后，很难自动实现跟踪恢复。

为解决现有粒子滤波算法在三维人体运动跟踪上存在的几个问题，在该领域以往研究成果的基础上，本书提出了基于 Beowulf 机群中改进粒子滤波的三维人体运动跟踪算法。和以往的研究相比，本书的贡献主要有以下三点：①采用多角度和多特征信息融合的方法，以普通视频为数据源，得到人体的三维信息以提高跟踪算法的鲁棒性；②通过实现三维人体模型参数的自动初始化和粒子数目与跟踪模板的自动调整来提高算法的实用性和实现跟踪失效的自动恢复；③基于任务动态分配策略和低开销通信策略设计了 Beowulf 机群中的迁移式粒子滤波并行算法来解决粒子退化问题和提高计算速度。

粒子滤波框架下的人体运动跟踪要同时满足跟踪精度和实时性的要求，不能通过降低粒子数目的方法解决，只能通过提高计算能力来解决。虽然粒子滤波算法整体是串行运行的，但是粒子权值的计算是可以并行运行的。所以，并行计算是降低其时间复杂度的一个合理的选择。对于 Beowulf 机群系统来说，通过调整计算节点数目和单个节点的进程数，计算能力可以提高多个数量级，从理论上讲是可以同时满足三维人体跟踪精度和实时性两方面的需求。

对于粒子退化问题，由于本书采用的是并行计算框架，所以每个计算节点形成了一个粒子群。粒子群之间以小概率进行复制式粒子迁移来保障计算节点粒子的多样性，这对减轻粒子退化是有帮助的。

跟踪失效问题可以通过避免和恢复策略来解决。通过跟踪目标模板的更新来避免跟踪失效，检测到跟踪失效时通过增大粒子数目或跟踪参数的重新初始化来恢复跟踪是可行的技术手段。

2.2　方案总体设计

本书提出的跟踪方案，不是以降低粒子数目为技术手段，而是以并行计算为技术手段来降低计算时间，借鉴文献［66］的技术框架，并融入并行计算技术设计了并行框架下的三维人体运动跟踪方案。图 2.1 为方案整体框架，主要包括三个环节：①预处理，对输入的俯视角和正视角视频数据进行同步处理，建立三维人体骨架模型，得到视频中各角度的投影坐标与世界坐标之间的映射关系；②从俯视和正视两个角度的视频数据中提取人体的外部轮廓、灰度和颜色作为粒子滤波的观测值；③建立三维人体骨骼模型，得到模型图像，计算模型图像（三维人体骨骼模型）与特征观测值（外部轮廓、灰度、颜色）的差异，建立观测似然模型，利用基于并行计算的粒子滤波算法实现对三维人体的实时跟踪。

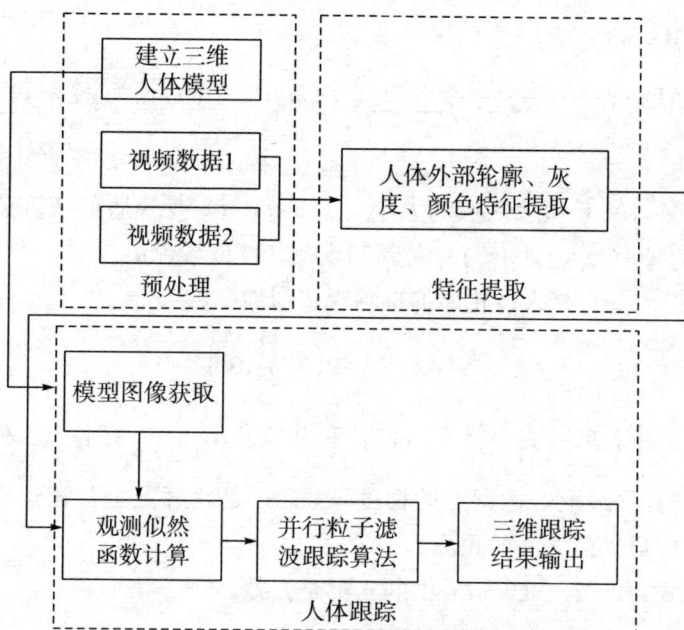

图 2.1 三维人体运动跟踪整体方案流程

图 2.1 中的视频数据 1 指正视角观测，视频数据 2 指俯视角观测，两个角度的信息互为补充可以得到平面信息和深度信息，从而形成三维信息。

方案中的人体图像特征包括外部轮廓、灰度和颜色，所以联合观测似然函数定义如下：

$$P(Y_k/X_k^i) = \omega_1 \times P_1(x) + \omega_2 \times P_2(x) + \omega_3 \times P_3(x)$$

$$(2-1)$$

其中，ω_1、ω_2、ω_3 是联合观测系数；X_k^i 是基于三维人体模型的参数；Y_k 是人体图像特征的观测值，包括外部轮廓、灰度和颜色。$P_1(x)$、$P_2(x)$ 是灰度和颜色单独观测似然函数：

$$P(x) = \exp\left(-\frac{1}{2\sigma^2}\mathrm{MAD}^i\right) \qquad (2-2)$$

MAD 指目标模板与观测区域图像的最小平均绝对差值函

数，其表达式为：

$$\text{MAD}(i,j) = \frac{1}{M \times N} \sum_{m=1}^{M} \sum_{n=1}^{N} |T(m,n) - F(m+i,n+j)|$$

$$(2-3)$$

$M \times N$ 是模版区域的大小，T（m，n）是模版的灰度或颜色值，F（$m+i$，$n+j$）是新的观测灰度或颜色值。

P_3（x）是人体轮廓的单独观测似然函数：

$$P_3(x) = \exp\left(-\frac{1}{2\sigma^2}\Phi\right) \qquad (2-4)$$

其中，$\Phi = \frac{1}{M}\sum_{j=1}^{M}\text{DIS}_j$，在轮廓上采集 M 个点，在各点上做法线，计算法线上各像素点的梯度值，DIS_j 是轮廓点上与该点法线上梯度最大值之间的距离。

式（2-2）、（2-4）中的 σ 都是方差。

2.3 三维人体骨骼模型的引入

式（2-1）中的 X_k^i 是基于三维人体模型的参数，本书中用到的三维人体模型是三维骨骼模型[135]，其定义与描述如下：

图 2.2 所示为一种人体三维骨骼关键节点的描述模型，在这种模型下，人体被简化成 16 个关节、15 个身段（身段长度由人体比例学得到）、25 个自由度。整个身体的位置变化和旋转运动（7 自由度）、髋关节（左 3 自由度＋右 3 自由度＝6 自由度）、膝关节（左 1 自由度＋右 1 自由度＝2 自由度）、肘关节（左 1 自由度＋右 1 自由度＝2 自由度）、肩关节（左 3 自由度＋右 3 自由度＝6 自由度）以及颈关节（左 1 自由度＋右 1 自由度＝2 自由度）。

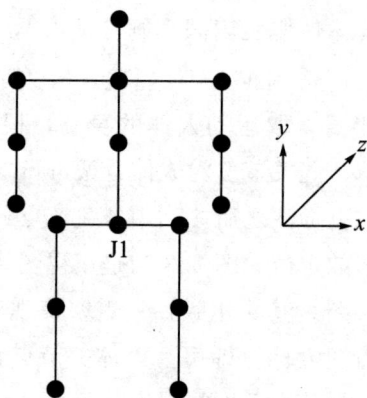

图 2.2　人体三维骨骼模型及坐标定义

2.4　三维人体模型参数的自动初始化

　　三维人体模型的参数初始化将直接影响到跟踪的效果，目前常用的方法都是通过人工交互实现，不适合算法的推广和产品化，也难以实现跟踪失效的自动恢复。本书将提出一种三维人体模型的自动初始化方法，对正面观测角度和顶部观测角度的前两帧图像进行关节点的自动标注，从而获取关节点的初始坐标值，并将其转化成关节的欧拉角参数，从而实现人体模型参数的自动初始化。

2.4.1　人体关节点的自动标注方法

　　对人体关键节点进行自动标注有两个前提条件：①自动标注时图像序列的前两帧运动人体直立；②人体没有故意的自遮挡。根据对前两帧图像进行帧差法得到人体轮廓，并进行人体骨架细化，具体实现方法如下：

对细化好的人体骨架采用同心圆算法[136]，将人的头部进行定位，根据人体比例得到根关节（J1）。根关节以上为上半身，根关节以下为下半身。取运动人体的身高，根据长宽比的经验值，得到对肩关节、髋关节。对人体骨架进行端点搜寻得到四肢的端点。在完成以上标注之后，利用各关节点分布的比例值，得到膝关节与肘关节的定位。图2.3为是正视图像的关节点自动标注实现流程，俯视图是其简化版，只需要实现对头部、肩关节、肘关节和上肢端点搜索标注即可。人体关节点自动标注的实现，为人体运动跟踪失效的自动恢复提供了条件。

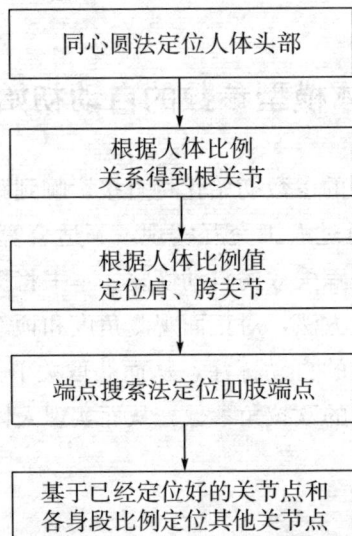

同心圆法定位人体头部

根据人体比例
关系得到根关节

根据人体比例值
定位肩、胯关节

端点搜索法定位四肢端点

基于已经定位好的关节点和
各身段比例定位其他关节点

图2.3　人体关节点自动标注实现流程

2.4.2　人体关节三维坐标及旋转角度计算方法

实现对关节点的自动标注后，则可得到关节点的二维图像坐标。下面介绍二维图像坐标与人体三维坐标的映射关系及关节欧拉角参数的获取方法。

根据正交成像模型[137] 的原理，人体模型在三维空间的点 (x, y, z) 在二维图像坐标系中的投影 (u, v) 表达式为：

$$\begin{bmatrix} u \\ v \end{bmatrix} = s \begin{pmatrix} 1 & 0 & 0 \\ 0 & 1 & 0 \end{pmatrix} \begin{bmatrix} x \\ y \\ z \end{bmatrix} \qquad (2-5)$$

$s = f/z$，f 为摄像机焦距，s 的初值可以近似取：

$$s = \sqrt{(u_1 - u_2)^2 + (v_1 - v_2)^2} / L \qquad (2-6)$$

其中 (u_1, v_1)，(u_2, v_2) 为头两帧两相联关节点在图像坐标系中的值，L 为该身段在骨架模型中的长度。后续 s_{i+1} 的值按照以下公式计算[137]：

$$s_{i+1} = \arg \min \left(\sum_{j=1}^{15} (L_i^j - L_{i+1}^j)^2 \right) \qquad (2-7)$$

因此，二维图像坐标到三维空间模型坐标的转换公式为：

$$x = u/s_{i+1}, y = v/s_{i+1}, z = w/s_{i+1} \qquad (2-8)$$

w 是顶部视图得到的人体在图像中的深度坐标值，(u, v) 是正面视图的坐标值。

人体骨架模型是一个多刚体系统，由多刚体系统运动学原理[137]，在某个时刻 t，人体身段的位姿满足式 (2-9)。

$$\boldsymbol{P}_t = \boldsymbol{R}_1^0 \boldsymbol{R}_2^1 \cdots \boldsymbol{R}_i^{i-1} \boldsymbol{P}_{i+1} \qquad (2-9)$$

$\boldsymbol{R}_1^0$ 指盆骨关节（根关节 J1）与全局坐标系之间的旋转矩阵；$\boldsymbol{R}_2^1 \cdots \boldsymbol{R}_i^{i-1}$ 为盆骨关节到当前关节上下两关节局部坐标系之间的旋转矩阵，比如 $\boldsymbol{R}_2^1$ 为腰骨关节与盆骨关节坐标系转换的旋转矩阵；$\boldsymbol{P}_{i+1}$ 指初始状态时，第 $i+1$ 个关节在 i 个关节坐标系中的向量数值，$\boldsymbol{P}_t$ 是当前状态下 $i+1$ 关节在 i 关节局部坐标系中的向量值。以根关节为例介绍旋转欧拉角的计算方法，根关节在 y 轴上无扭矩作用，故 $\beta = 0$。

$$R_1^0 = \begin{bmatrix} \cos\alpha & -\sin\alpha & 0 \\ \sin\alpha & \cos\alpha & 0 \\ 0 & 0 & 1 \end{bmatrix} \begin{bmatrix} 1 & 0 & 0 \\ 0 & 1 & 0 \\ 0 & 0 & 1 \end{bmatrix} \begin{bmatrix} 1 & 0 & 0 \\ 0 & \cos\gamma & -\sin\gamma \\ 0 & \sin\gamma & \cos\gamma \end{bmatrix}$$

$$= \begin{bmatrix} \cos\alpha & -\sin\alpha\cos\gamma & \sin\alpha\sin\gamma \\ \sin\alpha & \cos\alpha\cos\gamma & -\cos\alpha\cos\gamma \\ 0 & \sin\gamma & \cos\gamma \end{bmatrix}$$

此处，$P_{i+1} = (0, L_1, 0)$，L_1 为根关节与腰骨关节在三维骨架模型中的相对长度。

$P_i = (x_2 - x_1, y_2 - y_1, z_2 - z_1)$，代入式（2-9），得：

$$\begin{bmatrix} x_2 - x_1 \\ y_2 - y_1 \\ z_2 - z_1 \end{bmatrix} = R_1^0 \begin{bmatrix} 0 \\ L_1 \\ 0 \end{bmatrix}$$

解得 $\alpha = -\arctan\left(\dfrac{x_2 - x_1}{y_2 - y_1}\right)$，$\gamma = -\arcsin\left(\dfrac{z_2 - z_1}{L_1}\right)$。

依次类推，可以求得其他关节的欧拉角。当 s 取头两帧的初值时，计算出各关节的欧拉角，则实现了三维模型参数的初始化。

2.5 人体视频图像特征提取的具体实现

2.5.1 运动人体轮廓提取方法

本章采用文献 [138] 所提供的方法实现了对运动人体轮廓的提取。

（1）建立背景模型。

设时间为 t，某像素点的取值为 X_t，其概率密度函数表示为：

$$P(X_t) = \frac{\exp\left[-\frac{1}{2}(X_t - \mu)^{\mathrm{T}} \sum^{-1}(X_t - \mu)\right]}{(2\pi)^{\frac{D}{2}} \left|\sum\right|^{\frac{1}{2}}}$$

$$(2-10)$$

其中，$D = 3$，指红、绿、蓝 3 个颜色分量，μ 是均值，$\sum$ 为方差（σ 为各颜色分量方差），其表达式为：

$$\sum = \begin{bmatrix} \sigma_r & 0 & 0 \\ 0 & \sigma_g & 0 \\ 0 & 0 & \sigma_b \end{bmatrix}$$

将其代入式（2-10）得：

$$P(X_t) = \prod \frac{1}{\sqrt{2\pi\sigma_i^2}} \exp\left[-\frac{(X_t^i - \mu_i)^2}{2\sigma_i^2}\right] \quad (2-11)$$

式（2-11）即为 $n \times m$ 大小区域的图像序列的背景模型，均值和方差由像素点个数 n 确定。

（2）运动人体轮廓提取。

将背景与图像进行差分，即得到运动人体的区域，人体运动区域 Ω 的颜色差分值计算按照式（2-12）计算。

$$\begin{vmatrix} C_{ij}(R) \\ C_{ij}(G) \\ C_{ij}(B) \end{vmatrix} = \begin{vmatrix} X_{ij}(\mathrm{Red}) - X'_{ij}(\mathrm{Red}) \\ X_{ij}(\mathrm{Green}) - X'_{ij}(\mathrm{Green}) \\ X_{ij}(\mathrm{Blue}) - X'_{ij}(\mathrm{Blue}) \end{vmatrix} \quad (2-12)$$

其中，X_{ij} 为当前帧像素点的 RGB 值，X'_{ij} 是背景帧像素的 RGB 值，前景和背景的差分值用加权值来度量：

$$D(i,j) = \omega_1 \times C_{ij}(R) + \omega_2 \times C_{ij}(G) + \omega_3 \times C_{ij}(B)$$

$$(2-13)$$

结合式（2-12）得：

$$D_t(i,j) = \omega_1 \times \frac{(x_t^r - \mu_t^r)^2}{\sigma_{rt}^2} + \omega_2 \times \frac{(x_t^g - \mu_t^g)^2}{\sigma_{gt}^2} + \omega_3 \times \frac{(x_t^b - \mu_t^b)^2}{\sigma_{bt}^2}$$

$$(2-14)$$

其中，ω_1、ω_2、ω_3 分别是红、绿、蓝三种颜色的敏感加权值，设置阈值 Th 得：

$$B(i,j) = \begin{cases} \text{Background}\cdots D(i,j) \leqslant Th \\ \text{Foreground}\cdots D(i,j) > Th \end{cases} \quad (2-15)$$

按照式（2-15）计算，即实现了运动人体轮廓的提取。

2.5.2　运动人体区域灰度和颜色提取方法

根据 2.5.1 节的方法可以得到的人体轮廓；对人体轮廓区域的灰度提取技术已经很成熟，主流的编程环境都提供直接的提取函数，这里不再详细阐述；对人体区域的颜色提取按照颜色直方图方法进行提取。

2.6　基于 Beowulf 机群中改进的粒子滤波算法的具体实现

2.6.1　经典串行粒子滤波算法运动人体跟踪的实现方法

粒子滤波是一种基于概率模型的跟踪框架，在该框架下，视频序列中的人体跟踪指在给定图像特征 $Y = (Y_1, \cdots, Y_t)$ 的前提下，获取 t 时刻目标状态 X_t 的后验分布 $P(X_t/Y_t)$ 的过程，其中 X_t 为人体模型的运动参数。改进前典型串行粒子滤波的实现流程如图 2.4 所示，主要包括以下几个步骤[139]：

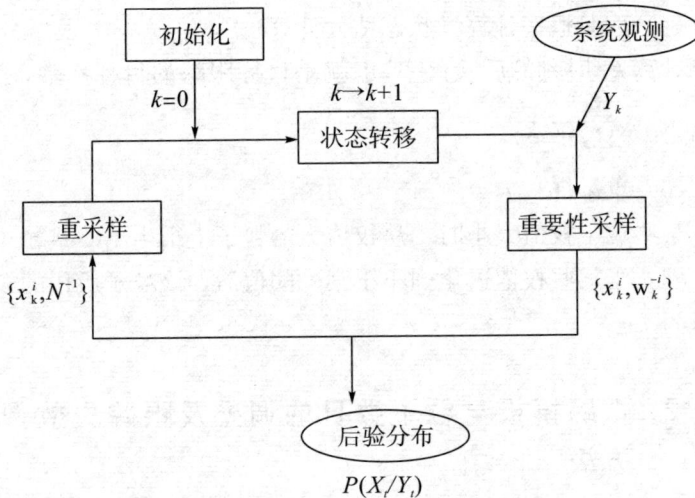

图 2.4　串行粒子滤波算法框架

（1）初始化。

按照前面描述的方法进行特征提取得到跟踪目标的轮廓、灰度和颜色特征值 Y^{init}，按照三维人体模型的自动初始化方法得到初始运动向量参数 X^{init}，取粒子数为 Ns，权值 W^i 初值均取 1，粒子参数的初始取值为 $X^i = X^{init} + B\xi$，B 为常数矩阵，ξ 为 $[-1, 1]$ 中的随机数。

（2）系统状态转移（粒子预测）。

在初始化后的某一个时刻 k_t，用系统状态转移方程对粒子的下一个状态进行预测。取一阶 ARP 方程进行预测：$X_t = AX_{t-1} + Bw_{t-1}$。$A$、$B$ 为常数矩阵，w_{t-1} 为 $[-1, 1]$ 中的随机数。

（3）系统观测。

完成第（2）步后，得到一个预测值，对目标的特征值进行观测，计算每个粒子所代表的目标可能状态和目标真实状态之间的相似度，接近真实状态的粒子赋予较大权值，反之赋予较小权值。本章按照式（2−1）计算联合观测似然函数值，并按照公式 $W_k^i = W_{k-1}^i P(Z_k / X_k^i)$ 计算各粒子权值。

（4）后验概率计算（状态估计计算）。

计算 k_t 时刻的后验概率，也就是目标跟踪的目标参数，公式
为 $X_t^{opt} = \sum_{i=1}^{Ns} W_t^i X_t^i$。

（5）重采样。

某些粒子权值太小时，从权值大的粒子上衍生出一些粒子替
代它们，当某些权值退化到小于某一阈值后，该粒子后代的权值
重置为 1。

2.6.2 跟踪模板与粒子数目的调整及跟踪失效恢复方法

跟踪失效是指在较严重的复杂环境中，比如高强度噪音、遮
挡时，出现跟踪失败的情况。

为了避免跟踪失效的情况出现，需对模板进行不断的调整，
避免模板偏离真实模型。通过调整粒子数目或者重新调用人体模
型参数自动初始化来实现跟踪失效的恢复。图 2.5 给出了目标跟
踪失效的避免和自动恢复流程。

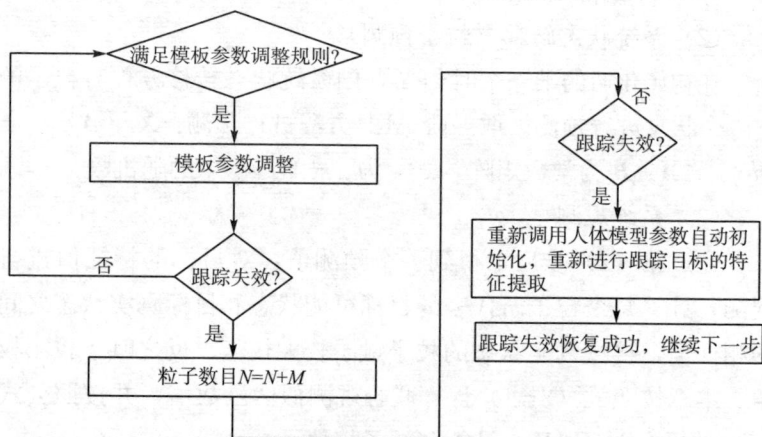

图 2.5 目标跟踪失效避免和自动恢复流程

现给出模板参数调整的判定规则和调整规则以及跟踪失效的检测规则：

设跟踪目标模板区域特征值为 $q_{(i)}$（$i=$gray，灰度；color，颜色；outline，轮廓），设当前估计位置的区域特征值为 $p_{(i)}$（$i=$gray，灰度；color，颜色；outline，轮廓），$q_{(i)}$、$p_{(i)}$ 之间的巴氏距离为 $d_{(i)}$（q，p），则模板判定和调整规则如下：

（1）d_{gray}（p，q）$<$ Th$_1$ 时，$q_{\text{(new)gray}} = 0.92q_{\text{gray}} + 0.08p_{\text{gray}}$；

（2）d_{color}（p，q）$<$ Th$_2$ 时，$q_{\text{(new)color}} = 0.92q_{\text{color}} + 0.08p_{\text{color}}$；

（3）d_{outline}（p，q）$<$ Th$_3$ 时，$q_{\text{(new)outline}} = 0.92q_{\text{outline}} + 0.08p_{\text{outline}}$。

跟踪失效的检测规则为：

d_{gray}（p，q）$>$ Th$_4$，d_{color}（p，q）$>$ Th$_5$，d_{outline}（p，q）$>$ Th$_6$ 时，表明此时环境噪音较大，模板出现较严重的偏离，环境复杂程度增加，判定出现了跟踪失效（Th$_1$~Th$_6$ 为预设阈值）。

与传统粒子滤波算法相比，加入模板更新可以有效避免模板偏离真实的目标模型，从而避免跟踪进度下降和跟踪失效。当出现遮挡或高噪音时，增大粒子数目可提高跟踪的鲁棒性，一定程度上实现跟踪失效的恢复。跟踪目标出现严重遮挡后，重新调用人体模型参数自动初始化，重新进行跟踪目标的特征提取，相当于对跟踪系统进行自动重置，是运动人体实现跟踪的有效方法。

2.6.3　Beowulf 机群中单目标跟踪的迁移式粒子滤波并行算法

本书所提出的并行三维人体跟踪粒子滤波算法原理如图 2.6

所示，其中 P_0，$\cdots$，P_N 是 Beowulf 机群环境下并行运行的进程。进程 P_0 的任务是进行后验概率的计算，进程 P_1 的任务是进行三维运动人体观测值的提取，进程 P_2，$\cdots$，P_{N-2} 是对粒子群进行计算。

设 M 是粒子个数，N 是处理器个数，P 是进程个数，初始粒子群的个数规则为 $M \bmod P = 0$，则每个进程的粒子数 $P_i = M/P$，否则，最后一个进程的粒子数 $P_i = M\%P$。

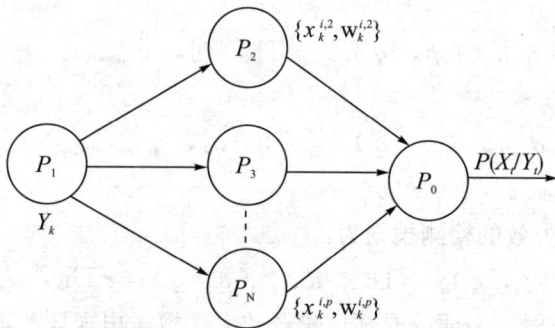

图 2.6　单目标并行粒子滤波算法原理

各 Beowulf 节点计算的粒子群落采用动态拓扑连接（如图 2.7），粒子群以小概率把自己的最佳个体以复制的方式迁移到相邻的粒子群中，取代该群中的退化粒子，从而实现"粒子迁移"，保障粒子的多样性，改善粒子退化问题，避免算法早熟和过早收敛。

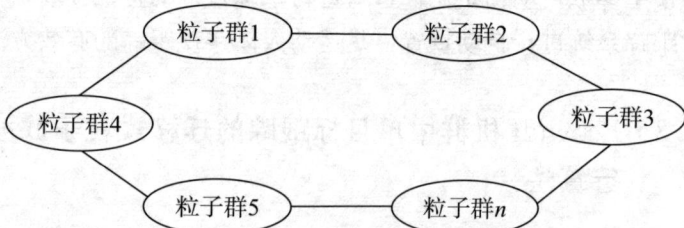

图 2.7　迁移式粒子滤波算法的拓扑结构

并行计算各进程任务分派如下：

(1) 进程 P_0 的任务。

① 向进程 P_1 发出观测值采集命令；

② 接收进程 P_2 至进程 P_{N-2} 计算的各自分配到的粒子集的权值和状态预测值 X_k^i（k 为时刻点）；

③ 按照公式 $X_k^{opt} = \sum_{i=1}^{Ns} w_k^i \times X_k^i$ 计算目标参数新的状态；

④ 处理动态任务调度。

(2) 进程 P_2 至进程 P_{N-2} 的任务。

① 接收进程 P_1 采集到的观测值；

② 按照公式 $w_k^i = w_{k-1}^i P(Y_k/X_k^i)$ 计算新的本进程中每个粒子新的权值，$P(Y_k/X_k^i)$ 的计算按照公式(2-1)执行，并以一定概率接收其他粒子群迁移过来的粒子，替换本粒子群中权值较小的粒子；

③ 按照系统的状态转移方程预测每个粒子的 X_k^i 值；

④ 将本进程计算的粒子权值和粒子状态值传送给进程 P_1，以一定概率随机将本粒子群的权值较大的粒子向其他粒子群迁移；

⑤ 重采样处理。

(3) 进程 P_1 的任务。

① 接受进程 P_0 的新观测值采集指令；

② 采集新的轮廓、颜色、灰度 Y_k 观测值；

③ 跟踪失效检测与处理；

④ 将新的观测值送进程 P_2 至进程 P_{N-2}。

2.6.4　Beowulf 机群中多目标跟踪并行粒子滤波算法实现方法

粒子滤波框架下的多目标跟踪方法主要有两种处理方式。方式一：把多目标跟踪分解成几个单目标跟踪，对每个单体目标都建立一个粒子跟踪滤波器。方式二：把多目标放在一个粒子滤波跟踪框架中。方式一跟踪可靠性高，但运算量巨大，方式二目标观测与状态关联实现困难，而且很难处理目标数量变化的问题。本书由于采用了并行计算的思想，有能力处理大的运算问题，所以选择方式一来实现多个人体的运动跟踪。根据目标的数目 m，将并行计算的节点动态地分成 m 个区域，每个区域负责一个目标跟踪的计算，每个计算区域粒子群运行的流程和单目标跟踪的一致。

图 2.8 是多目标并行粒子滤波算法原理，图 2.9 是多人体运动跟踪并行粒子滤波算法执行流程图。

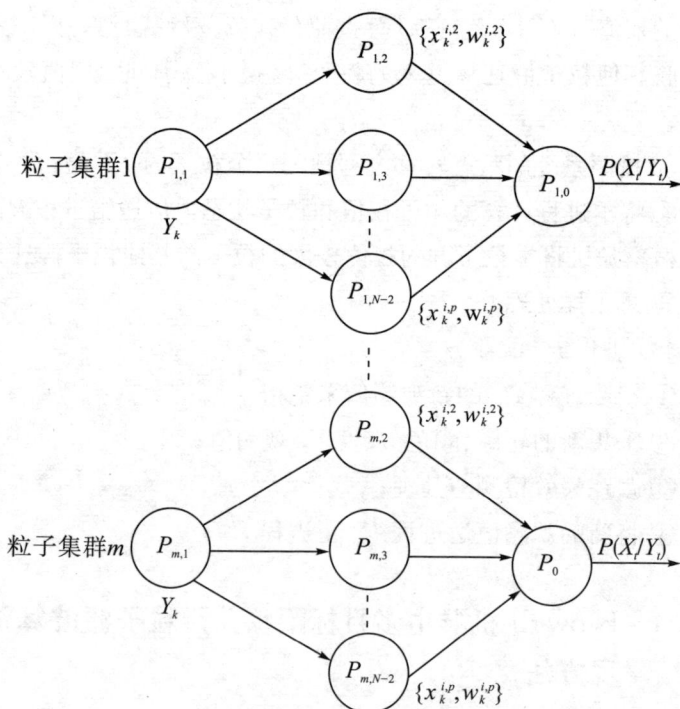

图 2.8　多目标并行粒子滤波算法原理

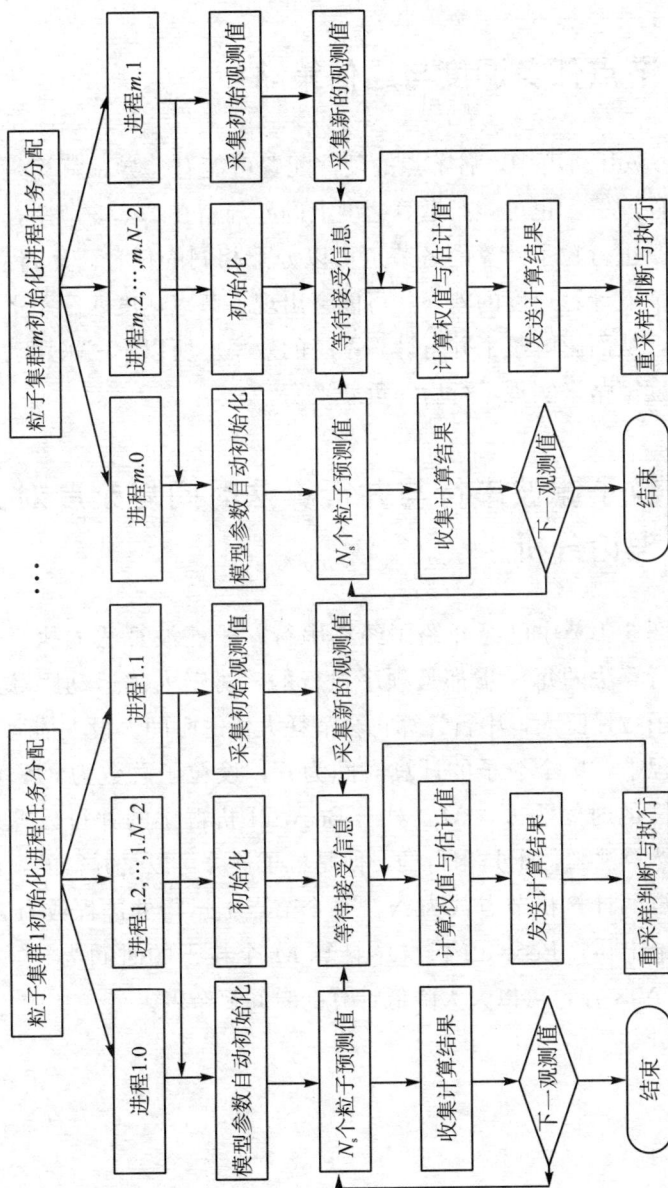

图 2.9　多人体运动跟踪并行粒子滤波算法执行流程图

2.7 节点任务调度与通信策略

Beowulf 机群中，各节点的硬件配置可能有差异，就算是相同的硬件配置，也可能有运算速度上的差异。在 2.6.3 节中，初始化时，进行粒子计算的各节点可以分配相同的任务。运行后，由于各节点计算速度的差异，可能会出现各节点速度匹配不平衡的现象，从而影响整个并行计算系统的效率。所以本书采用动态任务调度策略来实现运行后的负载平衡。

2.8 粒子滤波串行与并行算法时间复杂度对比理论分析

在 2.6.1 节中已经介绍了经典串行粒子滤波算法的执行过程，串行算法的每一步都是顺序执行的，对于人体运动跟踪来说，粒子数量巨大，串行计算将会消耗大量的时间。设人体运动跟踪过程中，单个粒子的计算时间为 C，设粒子总数为 M，则串行计算的时间为 $C \times M$。对于 Beowulf 机群中的并行计算来说，虽然算法整体上是串行的，但是粒子计算可以是并行的，设参与计算的计算机节点数为 N，每个节点上运行的进程数为 n，则从理论上讲，Beowulf 机群中计算 M 个粒子的时间为 $(C \times M)/(N \times n)$，可以大大降低计算的时间复杂度。

2.9　Beowulf 机群中三维人体运动粒子滤波跟踪及对比实验

2.9.1　实验环境的搭建

实验采用的是 Beowulf 机群系统，是由多个普通计算机组成的能用于并行计算的计算机系统。并行机群系统拓扑结构如图 2.10 所示。

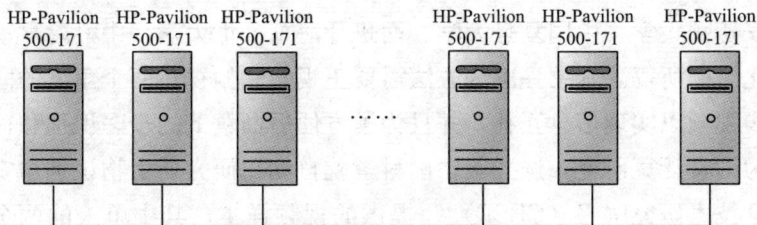

图 2.10　并行机群系统拓扑结构

实验系统的硬件与软件配置如下：

Beowulf 机群系统总共 52 个计算节点，每个节点为 HP-Pavilion 500-171。其硬件配置为：

CPU：Intel 酷睿 i7 4770。

内存：8GB。

硬盘：1TB，SCSI 硬盘。

网卡：1000M 网卡。

每个计算节点的软件配置为：

操作系统：Red hat linux Itanium workstation。

编程工具：C+MPI。

2.9.2 单人体运动跟踪实验及实验结果

样本个数的确定：对于每个三维人体关节点跟踪，人体模型自由度为 25，即变量的维数为 25，每个变量取 10 个状态离散值，取样本熵 $H = 15$，16，17，18，19，对应的样本粒子个数计算公式为：$N_s = (10)^{25} / (10)^H$。

典型的人体跟踪用数据库有 USCD（加州大学圣地亚哥分校）、UMD（马里兰大学）、CBSR（中国科学院自动化研究所）等。CBSR 提供的人体跟踪数据库是国际公认的权威样本库，世界范围内其他研究机构也用此数据库开展相关的研究，如英国南安普顿大学、中国复旦大学、西班牙海梅一世大学、中科院自动化研究所等。本书提出的方法需要正视角和俯视角两个角度的同步视频以实现信息互补，并且为了方便后面章节的步态识别和行为语义计算研究，选择了中国科学院自动化研究所生物识别与安全技术研究中心（CBSR）[140] 提供的视频样本，其中单人的两个角度同步视频包括"走、左转、右转、跑、下蹲、上坡、弯腰、砸车、晕倒、系鞋带、跳跃、徘徊"等不同行为的人体运动，双人的两个角度的同步视频包括"相遇同行、握手、赶上超过、抢劫、打架、尾随、并排行走、相遇分离"等不同行为的人体运动。

所有视频都选择了正面视角和俯视角，帧率为 25fps，采用 huffyuv 编码压缩，分辨率为 320×240。图 2.11 至图 2.14（$H = 15$）是目标跟踪两个观测角度的部分原始视频和人体三维模型部分输出效果。

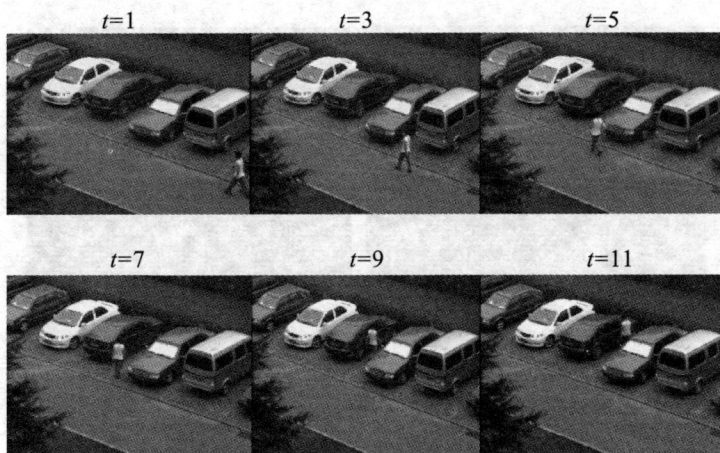

图 2.11 单人正面原始视频（部分）

图 2.12 单人正面跟踪输出

$t=9$ $t=11$

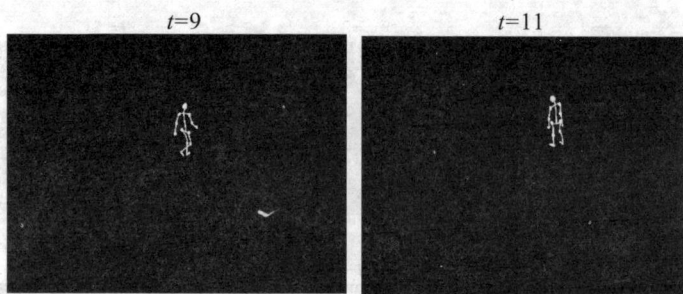

图 2.12（续）

$t=1$ $t=3$ $t=5$

$t=7$ $t=9$ $t=11$

图 2.13 单人俯视部分原始视频

$t=5$ $t=7$

图 2.14 单人俯视部分跟踪结果

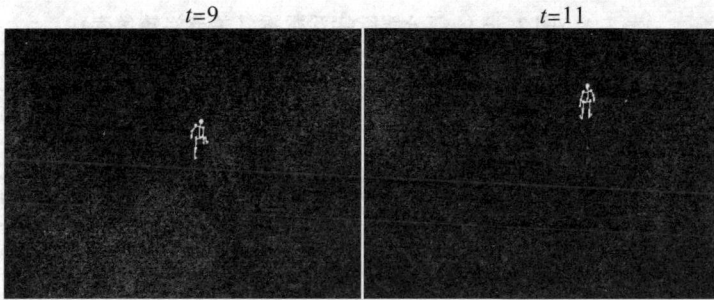

图 2.14（续）

2.9.3　多人体运动跟踪实验及实验结果

多人体运动跟踪实验及实验结果见图 2.15 至图 2.18、表 2.1。

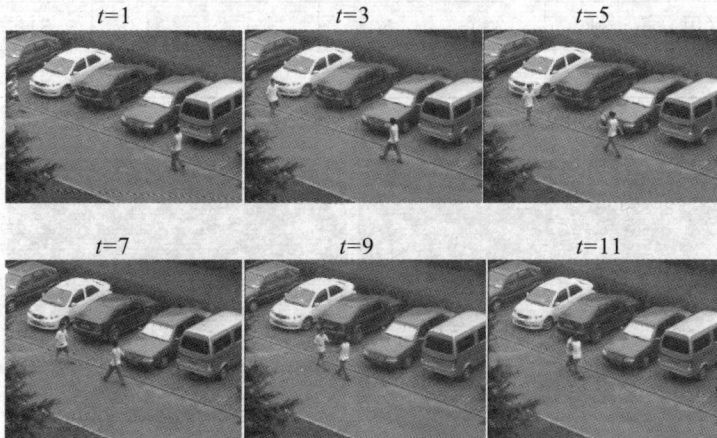

图 2.15　双人正视原始视频（部分）

表 2.1　图 2.15 的部分跟踪实验数据（关节旋转角度）

部分关节 部分帧	J1	左肩关节	右肩关节	左臀关节	右臀关节
（甲）第一帧	300	261	267	342	341
（乙）第一帧	315	282	273	296	296
（甲）第三帧	327	297	300	308	305
（乙）第三帧	336	310	307	315	313
（甲）第五帧	344	320	321	323	321
（乙）第五帧	354	330	332	332	333
（甲）第七帧	307	262	265	340	341
（乙）第七帧	310	272	269	350	351
（甲）第九帧	319	284	280	298	296
（乙）第九帧	327	295	298	306	305
（甲）第十帧	335	305	301	312	311
（乙）第十帧	342	315	318	319	318

图 2.16　双人正视人体运动跟踪结果（部分）

$t=9$ $t=11$

图 2.16（续）

$t=1$ $t=3$ $t=5$

$t=7$ $t=9$ $t=11$

图 2.17　双人俯视原始视频（部分）

$t=5$ $t=7$

图 2.18　双人俯视人体运动跟踪结果（部分）

$t=9$ $t=11$

图 2.18（续）

实验显示：无论是单目标还是多目标，当样本熵 $H > 19$ 时，人体运动完全跟踪失效。

程序在处理骨架模型跟踪输出时，对骨架模型进行了简化，并对关键节点进行了加强，在双人靠近有交互动作时进行了局部放大处理。图 2.11、图 2.13 是单目标跟踪两个观测角度的部分原始视频，图 2.12 是对应图 2.11 的跟踪输出，图 2.14 是对应图 2.13 的跟踪输出。图 2.15、图 2.17 是多目标跟踪两个观测角度的部分原始视频，表 2.1 是对应的部分三维实验数据输出。图 2.16 是对应图 2.15 的跟踪输出，图 2.18 是对应图 2.17 的跟踪输出，从跟踪输出的效果来看，关节点的人体运动与真实视频有较大的吻合度。

2.9.4 对比实验的前提条件设计

为了实现算法本身的比对，用于对比的算法的视频图像预处理、特征提取等环节都在相同的硬件平台、操作系统（具体由 2.9.1 描述）中完成，实现的软件用 C 语言编程实现，这样可以保证对比算法都有相同的数据输入。并行算法和串行算法本身也用 C 语言来实现。

2.9.5　跟踪失效对比实验与分析

每个行为选择 20 个不同样本进行对比实验，每个样本测试 5 次，每组行为总共测试 100 次，表 2.2 将本书的算法和标准粒子滤波算法的跟踪失效情况进行了对比。表中的 SPF（Standard Particle Filter）是文献［139］提供的标准粒子滤波跟踪算法，BMPF（Beowulf Migration Particle Filter）是本书提供的基于 Beowulf 机群系统的迁移式粒子滤波算法。从表 2.2 中的数据可以看出，本书提出的 BMPF 算法比 SPF 跟踪算法的跟踪失效次数少了 50% 左右，明显改善了跟踪失效问题。

表 2.2　100 次跟踪实验中 SPF 与 BMPF 跟踪失效次数对比

行为	SPF 跟踪失效次数	BMPF 跟踪失效次数
徘徊	10	5
跳跃	15	7
握手	15	8
打架	17	8

2.9.6　跟踪计算时间对比实验

为了比较串行算法和并行算法在计算时间上的差异，在保证样本跟踪精度的前提下，样本熵的取值 <20，取不同的粒子数和不同的进程数，单目标跟踪与多目标跟踪各进行一组比较测试。表 2.3 是单目标跟踪的部分实验数据，表 2.4 是多目标跟踪的部分实验数据。

表 2.3　单目标跟踪 PF 算法时间复杂度（单位：秒）

算法		样本粒子数 N_s				
		10^6	2×10^6	4×10^6	6×10^6	10^8
串行计算		51.68	108.52	206.23	373.16	468.10
并行计算	Pro=2	0.171	0.4275	0.9405	2.163	20.489
	Pro=4	0.125	0.263	0.6396	1.547	18.57
	Pro=8	0.105	0.274	0.5481	0.9856	10.358

表 2.4　双目标跟踪 PF 算法时间复杂度（单位：秒）

算法		样本粒子数 N_s				
		10^6	2×10^6	4×10^6	6×10^6	10^8
串行计算		150.87	211.68	495.95	806.02	977.47
并行计算	Pro=2	0.3933	0.9918	2.426	5.121	36.87
	Pro=4	0.327	0.4944	1.491	3.403	39.72
	Pro=8	0.1981	0.5781	1.375	2.158	19.16

（1）单目标人体运动跟踪计算时间对比。

时间步长取 10，并行算法时，每个计算节点的进程数（Pro=2，4，8）不同的采样粒子数对单目标人体运动的跟踪在串行计算和并行计算的消耗时间见表 2.3。

（2）多目标人体运动跟踪计算时间对比。

时间步长也取 10，并行算法时，每个计算节点的进程数（Pro=2，4，8）不同的采样粒子数对双目标人体运动的跟踪在串行计算和并行计算的时间见表 2.4。

2.9.7　跟踪时间对比实验结果分析

从表 2.3 和表 2.4 的实验数据来看，存在以下几个规律：

（1）并行计算随着单个计算节点的进程数增加，计算速度也成正比增加，单个计算节点进程数超过 8 以后，计算速度增加不明显。

（2）在保证跟踪精度的前提下，串行跟踪方法比时间步大了约两个数量级，远远达不到实时性的要求。

（3）粒子滤波的并行计算方法与在保证跟踪进度的条件下，计算时间和时间步在同一个数量级上，可以满足实时性的要求。

2.10　本章结论

本章提出了基于 Beowulf 机群中改进的粒子滤波新算法，新算法通过三维人体模型参数的自动初始化、粒子数目与模板的调整来实现跟踪失效的自动恢复，并基于任务动态分配策略和低开销通信策略设计了 Beowulf 机群中的迁移式粒子滤波并行算法来解决粒子退化问题和提高计算速度。

实验显示，新方法能够实现跟踪失效的恢复，跟踪失效比传统方法降低了一半；大大提高了人体跟踪的计算速度，可以满足跟踪精度和跟踪实时性两方面的要求。

将来的工作可以从以下两个方面开展：①多目标跟踪时如何区别人体的身份；②本书选择的是 Beowulf 机群系统作为并行计算的环境，将来还可以选择在其他并行计算系统如并行向量处理机、对称多处理机上做相应的研究工作。

第3章　基于四层树状语义
模型的场景语义识别方法

3.1　引言

图像场景的分析和理解是图像检索、机器视觉和智能监控的重要基础，同时也被定义为 21 世纪初必须攻克的关键技术之一[141]。运动人体的行为语义直接受所在场景的影响，视频场景语义的识别方法也是运动人体行为语义计算的关键技术之一。

目前场景分类的第一类方法是基于形状、颜色、纹理等图像底层分类特征来建立不同图像的分类模型，典型的代表是 Feifei L[142]研究了卧室、海岸、森林、办公室等 13 种场景的分类方法。图像的 SIFT 特征具有旋转和尺度不变的特性[143]，使其成为场景分类特征表示的主要方法。目前基于底层分类特征（ILF）的场景分类方法的发展趋势是分类特征融合局部特征之间的空间布局信息，比如 Lazebnik[144]采用的空间金字塔（SPM）匹配法，文献［145］中提出的用 Gensus 变换获取图像的局部特征的空间布局信息。基于底层分类特征的场景分类方法已经有了较高的分类识别率，主要缺陷是底层视觉特征与场景高层语义之间存在语义鸿沟，分类结果缺乏对场景语义的描述。同时由于该方法未对图像进行压缩描述，分类识别的时间复杂度也较大。

第二类基于中间特征或高层特征的场景语义建模方法（如视觉词包模型），可以克服图像底层特征与图像高层语义之间的鸿沟。其主要思路是将二维图像信息映射成视觉关键词的集合，这样有效地压缩了图像描述，并且识别结果实现了场景的语义描述，识别的时间复杂度也低于基于底层分类的场景识别方法[146]。但基于中高层特征方法的识别率低于基于底层分类的场景识别方法[147]。两类场景识别方法目前都缺乏对场景高层潜在语义的描述能力。

针对这种现状，本书借鉴两类方法各自的优势，提出了基于四层树状语义模型的场景语义识别方法。四层语义树包括视觉层（图像的底层特性）、概念层（场景实物的名称）、关系层和语义层。构建四层场景语义树时，提取训练样本场景实物的颜色、颜色层次和轮廓得到视觉层；同类场景中实物的名称（概念单词）的交集构成了概念层；统计概念单词的频率并对概念单词的空间位置关系进行关联规则的数据挖掘，得到关系层；计算概念单词与 PSB 标准模型语义属性分类树的语义相似度，得到场景高层语义。识别场景语义时，通过视觉层的计算和检索得到概念单词，通过概念单词的频率和空间位置关系的检索得到场景分类，由场景分类、场景高层语义、场景概念单词构成场景语义的识别结果。

由于本书的方法借鉴了基于底层分类特征的方法，同时提取了图像的颜色、颜色层次和轮廓，故保证了识别率。由于用中间层（概念单词频率和空间关联规则）来实现分类模型的描述，压缩了图像描述，故降低了分类识别时的时间复杂度。在此基础上，还提出了场景高层潜在语义的提取方法。所以，与以往研究相比，本书的贡献有以下三点：①基于多特征融合构建了视觉层，保证和提高了识别效率；②用概念单词频率和空间关联规则实现分类模型，压缩了图像描述，提高了识别速度；③提供了场景高层潜在语义的描述能力。

3.2　场景语义识别方法的技术路线

图 3.1 是本章场景语义识别方法的技术路线图，图中的技术
路线主要包括以测试样本为数据源的四层语义树构建和以检测样
本为数据源的场景语义识别两个模块。图中的特征提取主要是场
景对象的颜色、颜色层次和轮廓特征。场景对象之间的关系主要
是指空间位置关系和场景对象概念单词的词频分布。后续小节将
分别介绍该技术路线各个环节的具体实现方法。

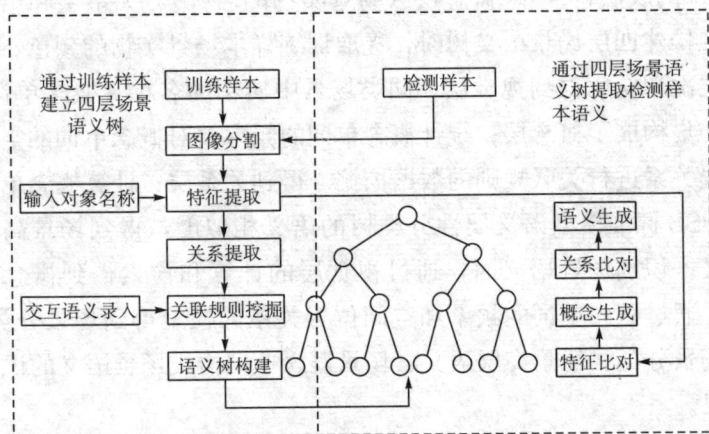

图 3.1　四层语义树模型场景语义识别技术路线

3.3　基于图论改进的图像分割方法

为了得到场景的主要特征、区域划分和提取场景对象的边缘轮
廓，首先要对场景进行图像分割。本书对基于图论的图像分割方法
进行了改进，得到了一种适用于各种图像的高效的图像分割方法。

3.3.1 基于图论阈值图像分割方法的基本原理

定义 1：$G = (V \mid E)$，V 是顶点，E 代表边的集合，顶点的权值用 $w(u,v)$ 表示。将顶点集 V 分割成集合 A 和集合 B，因此 B=V−A。图像可以通过移动边缘的连接顶点 A 到 B 实现，如式（3−1）所示。

$$\text{cut}(A,B) = \sum_{u \in A, v \in B} w(u,v) \qquad (3-1)$$

定义 2：最优二分法可以得到最小分割值，但是最小分割并不是最好的分割。根据定点和边的比例，Shi 和 Malik 提出了标准化的分割以获取最优分割效果，见式（3−2）：

$$\text{Ncut}(A,B) = \frac{\text{cut}(A,B)}{\text{assoc}(A,V)} + \frac{\text{cut}(A,B)}{\text{assoc}(B,V)} \qquad (3-2)$$

$$\text{assoc}(A,V) = \sum_{u \in A, v \in V} w(u,v)$$

$$\text{assoc}(B,V) = \sum_{u \in B, v \in V} w(u,v)$$

定义 3：权值的操作见式（3−3）：

$$w(u,v) = \begin{cases} \text{e}^{-\left[\frac{\|F(u)-F(v)\|_2^2}{d_I} + \frac{\|X(u)-X(v)\|_2^2}{d_X}\right]} & \|X(u)-X(v)\| < r \\ 0 & \|X(u)-X(v)\| \geq r \end{cases}$$

$$(3-3)$$

式（3−3）中，$X(u)$ 代表位置顶点 u，$F(u)$ 代表灰度定点 u，d_I、d_X 代表控制参数。

可以从图像 $G = (V, E)$ 得到 $V = (A, B)$。t 值的范围为 $0 < t < 255$，具体实现由下面的公式描述。

$$A = \bigcup_{k=0}^{t} V_k, B = \bigcup_{k=t+1}^{255} V_k, k = 0,1,\cdots,255 \qquad (3-4)$$

$$\text{cut}(A,B) = \sum_{u \in A, v \in B} w(u,v) = \sum_{i=0}^{t} \sum_{j=t+1}^{255} \left[\sum_{u \in V_i, v \in V_j} w(u,v) \right]$$

$$(3-5)$$

$$\text{assoc}(A,V) = \sum_{u \in A, v \in V} w(u,v) = \sum_{i=0}^{t} \sum_{j=i}^{t} \Big[\sum_{u \in V_i, v \in V_j} w(u,v) \Big]$$

$$(3-6)$$

$$\text{assoc}(B,V) = \sum_{u \in B, v \in V} w(u,v) = \sum_{i=t+1}^{255} \sum_{j=i}^{255} \Big[\sum_{u \in V_i, v \in V_j} w(u,v) \Big]$$

$$(3-7)$$

定义4：一些参数可以通过以下公式得到。

$$\text{cut}(V_i, V_j) = \sum_{u \in V_i, v \in V_j} w(u,v) \qquad (3-8)$$

$$\text{cut}(A,B) = \sum_{i=0}^{t} \sum_{j=t+1}^{255} \text{cut}(V_i, V_j) \qquad (3-9)$$

$$\text{assoc}(A,A) = \sum_{i=0}^{t} \sum_{j=i}^{t} \text{cut}(V_i, V_j) \qquad (3-10)$$

$$\text{assoc}(B,B) = \sum_{i=t+1}^{255} \sum_{j=i}^{255} \text{cut}(V_i, V_j) \qquad (3-11)$$

因为定义4对参数的规定，以上等式都可以变化，变化后的等式由下面的公式描述。

$$\text{assoc}(A,V) = \text{assoc}(A,A) + \text{cut}(A,B) \qquad (3-12)$$

$$\text{assoc}(B,V) = \text{assoc}(B,B) + \text{cut}(A,B) \qquad (3-13)$$

$$\text{Ncut}(A,B) = \frac{\text{cut}(A,B)}{\text{assoc}(A,A) + \text{cut}(A,B)} + \frac{\text{cut}(A,B)}{\text{assoc}(B,B) + \text{cut}(A,B)}$$

$$(3-14)$$

阈值可以从以上的公式得到，如果权值操作得到提升，将可以得到更好的阈值。下面将对权值操作提升方法的具体细节进行描述。

3.3.2 阈值图像分割权值操作的自动调整方法

传统的阈值图像分割方法主要有两个参数：①灰度参数；②空间位置参数。因为初始参数并不具通用性，为了能适应不同的图像，这两个参数需要进行人为的调节。为解决这个问题，本书提出了一种新的权值操作的方法。这种方法可以让参数自动调整，不需要人为来改变这两个控制参数，具体调节方式见式（3-15）。

$$V_c'(x_i,x_j) = \begin{cases} \zeta, x_i = x_j \\ -\dfrac{\sigma^2}{\sigma^2 + (y_i - y_j)^2 d_{ij}}, x_i \neq x_j \end{cases} \quad (3-15)$$

其中，σ 是位置 X_i 的标准偏差，d_{ij} 是两个点之间的距离，ζ 是分类参数，y_i、y_j 是点 x_i、x_j 的灰度。式（3-15）显示，x_i、x_j 的距离越大，两个点之间的能量就越大，两个点被分到同一个区域的可能性就越小。

因此，式（3-3）被改进成式（3-16）。

$$w(x_i,x_j) = \begin{cases} \zeta, x_i = x_j \\ -\dfrac{\sigma^2}{\sigma^2 + (y_i - y_j)^2 d_{ij}}, x_i \neq x_j \\ 0, \text{others} \end{cases} \quad (3-16)$$

新的方法实现了权值的自动调整，可以适用于各种类型的图像数据源。图像分割方法对彩色图像的处理流程为：①输入原始图像，将色彩空间转化。颜色必须量化以提高计算的速度。②绘制图像的直方图，此过程要确保色调协调和时间协调。相同颜色可以分到相同区域，区域生长基于色调协调。③匹配亮度的边界。④输出处理后的图像。

3.4　四层树状语义模型的引入

3.4.1　视觉词包模型的基本概念

视觉词包模型（bag-of-visual-words）是用于跨越图像

底层视觉特征与高层语义鸿沟的一种中层特征模型，在图像场景分类中已经有了多年的研究[146]。视觉词包模型包括四个基本概念：①视觉单词；②视觉词典；③视觉词包；④潜在语义。视觉单词是场景实物的不同语义概念（如高楼、街道、树木等）；视觉词典是概念单词的集合；视觉词包是场景图像中概念单词的统计分布情况，常用概念单词频度直方图来进行描述；潜在语义是对单词语义的进一步概括或抽象。比如沙滩、天空、海洋属于自然事物，高楼、码头属于人工建筑。本书以视觉词包模型为基础加以改进，提出了四层树状语义模型。下面将介绍该模型的原理。

3.4.2　四层树状语义模型的结构

图 3.2 至图 3.4 分别是树状语义模型的结构、场景样例图和对应的树状语义模型分解。图 3.2 中树状语义模型各层所代表的含义在 3.1 节中已经说明。

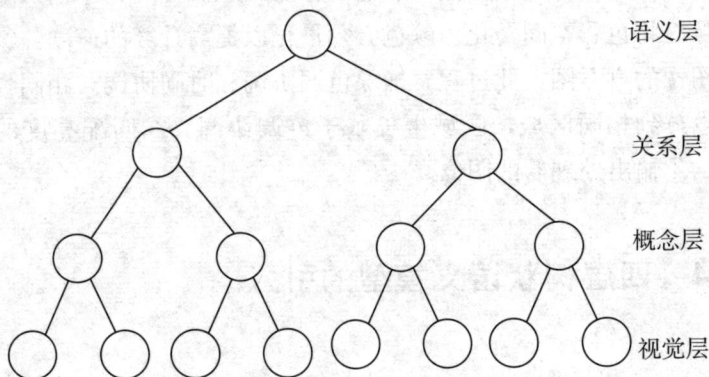

图 3.2　四层语义树模型结构图

64

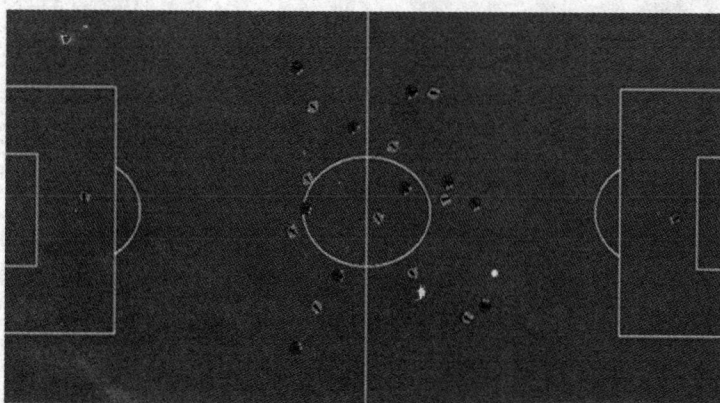

图 3.3　四层语义树模型分解案例（足球机器人比赛）

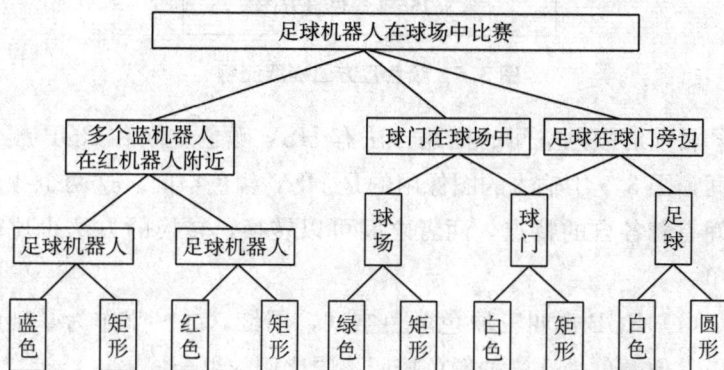

图 3.4　四层语义树模型分解过程及结果（足球机器人比赛）

3.5　四层树状语义模型视觉层的构建方法

3.5.1　图像颜色直方图的提取方法

颜色直方图是颜色特征分布的描述手段，是图像颜色的数值表达方式，图3.5对其提取流程进行了描述。

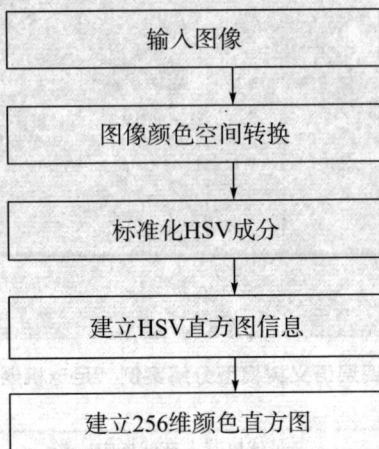

```
┌─────────────────────┐
│      输入图像        │
└─────────────────────┘
          ↓
┌─────────────────────┐
│    图像颜色空间转换    │
└─────────────────────┘
          ↓
┌─────────────────────┐
│    标准化HSV成分      │
└─────────────────────┘
          ↓
┌─────────────────────┐
│   建立HSV直方图信息    │
└─────────────────────┘
          ↓
┌─────────────────────┐
│  建立256维颜色直方图   │
└─────────────────────┘
```

图3.5 颜色直方图提取流程

目前对颜色空间的描述方法有 HSV 颜色空间和 RGB 颜色空间，图 3.5 中输入的图像用的是 HSV 颜色空间。这两个颜色空间有着各自的特点，两者之间可以转换，转换的方法也比较简单。

(1) RGB 也叫三原色颜色空间，用红、绿、蓝作为基础颜色，其他颜色是这三种颜色按照不同比例的组合。

(2) HSV 是利用色调、饱和度和亮度来进行颜色的描述，是另一种颜色空间模型。其中，色调变化范围是 0~360，用来描述颜色的色调；饱和度变化范围 0~100%，用来描述颜色的灰度范围；亮度的变化范围也是 0~100%，表示颜色明暗程度。

两种颜色空间模型的转换方式如下：

$$\max = \max(r,g,b), \min = \min(r,g,b), \mathrm{mid} = \max - \min \tag{3-17}$$

$$r' = \frac{\max - r}{\mathrm{mid}}, g' = \frac{\max - g}{\mathrm{mid}}, b' = \frac{\max - b}{\mathrm{mid}}, \tag{3-18}$$

$$H = \begin{cases} (5 + b') \times 60, & r = \max \ \& \ g = \min \\ (1 - g') \times 60, & r = \max \ \& \ g \neq \min \\ (1 + r') \times 60, & g = \max \ \& \ b = \min \\ (3 - b') \times 60, & g = \max \ \& \ b \neq \min \\ (3 + g') \times 60, & b = \max \ \& \ r = \min \\ (5 - r') \times 60, & \text{else} \end{cases}$$

$$(3-19)$$

其中，r，g，$b \in [0, 1]$，$h \in [0, 360°]$，$s \in [0, 1]$，$v \in [0, 1]$。

3.5.2　颜色空间的量化与颜色特征提取

（1）颜色空间的量化方法。

将颜色空间划分成一定大小单元的直方图叫作颜色空间的量化。一定范围的颜色对应直方图中一个具体数值。在 HSV 颜色空间模型中，$H = 0$ 时，图片是红色；$H = 120$ 时，图片是绿色；$H = 240$ 时，图片是蓝色。虽然 H 的变化范围是 $0 \sim 360$，但是 $0 \sim 240$ 则已经涵盖了可见光的全部范围。根据这个特点，对 HSV 颜色空间进行了量化，具体的对应关系见式（3-20）。

$$H = \begin{cases} 0, h \in (345,15] \\ 1, h \in (15,25] \\ 2, h \in (25,45] \\ 3, h \in (45,55] \\ 4, h \in (55,80] \\ 5, h \in (80,108] \\ 6, h \in (108,140] \\ 7, h \in (140,165] \\ 8, h \in (165,190] \\ 9, h \in (190,220] \\ 10, h \in (220,255] \\ 11, h \in (255,275] \\ 12, h \in (275,290] \\ 13, h \in (290,316] \\ 14, h \in (316,330] \\ 15, h \in (330,345] \end{cases} \quad S = \begin{cases} 0, s = (0,0.15] \\ 1, s = (0.15,0.4] \\ 2, s = (0.4,0.75] \\ 3, s = (0.75,1] \end{cases} \quad V = \begin{cases} 0, v = (0,0.15] \\ 1, v = (0.15,0.4] \\ 2, v = (0.4,0.75] \\ 3, v = (0.75,1] \end{cases}$$

$$(3-20)$$

由式（3-20）可以看出，当 HSV 空间量化后，H 的种类数量是 16，S 的种类数量是 4，V 的种类数量也是 4，图像的颜色种类为 $16 \times 4 \times 4 = 256$。

（2）H、S、V 的标准化处理

标准化处理就是将 H、S、V 联合成一维向量 $\mathbf{CQ}$，处理方法为：

$$\mathbf{CQ} = \boldsymbol{Q}_s \boldsymbol{Q}_v H + \boldsymbol{Q}_v S + V \qquad (3-21)$$

其中，$\boldsymbol{Q}_s$ 是量化 S，$\boldsymbol{Q}_v$ 是量化 V。取 $\boldsymbol{Q}_s = 4$，$\boldsymbol{Q}_v = 4$，由此有：

$$\mathbf{CQ} = 16H + 4S + V \qquad (3-22)$$

一维向量 $\mathbf{CQ} \in [0-255]$。

（3）HSV 颜色空间直方图的建立。

设有图像 $I(x, y)$，其量化后的直方图为 $H(CQ_k)$，则有：
$$H(CQ_k) = S_k / \text{Sum}(k = 0,1,2,\cdots,L-1) \quad (3-23)$$

CQ_k 是 $I(x, y)$ 的第 k 个颜色值，Sum 是 $I(x, y)$ 的像素总量，S_k 指 $I(x, y)$ 具有相同 CQ_k 的所有像素的数量和，$L=256$ 是量化水平。

3.5.3 颜色层次图的提取方法

前面已经介绍了颜色直方图的提取方法，颜色直方图具有很强的鲁棒性，进行旋转变换或尺度变换等操作时，$H(CQ_k)$ 具有恒定性。但是，单独用颜色直方图并不能完全区分两个图像，$H(CQ_k)$ 相同的两张图片的内容可能完全不一样。为此，Colour Layer Descriptor（CLD）——颜色层次描述符[148]被引入，CLD在提取不同颜色在空间上的分布情况有优势，所以可以弥补颜色直方图在空间描述功能上的不足。CLD的提取过程如图3.6。

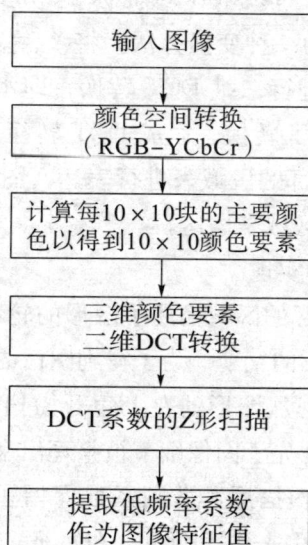

图 3.6 CLD 的提取过程

（1）RGB 颜色空间与 YCbCr 颜色空间的转换方法。

从图 3.6 中可以看出，CLD 的提取过程中需要将 RGB 转换成 YCbCr，YCbCr 是另外一种颜色空间的表示方法，主要应用在视频系统中。其中，Y 和 HSV 中 V 相似，表示图像颜色的亮度，Cb 是蓝色色差的色度，Cr 是红色色差的色度。RGB 和 YCbCr 两个空间也可以进行转换，具体转换方法为：

$$\begin{cases} Y = 0.299 \times R + 0.587 \times G + 0.114 \times B \\ Cb = -0.169 \times R - 0.331 \times G + 0.500 \times B \\ Cr = 0.500 \times R - 0.419 \times G - 0.081 \times B \end{cases} (3-24)$$

（2）RGB 转换成 YCbCr 后，将待处理的图片分解成 10×10 矩阵单元。计算 10×10 矩阵单元的主要颜色从而得到 Y；Cb 和 Cr 的 3 个 10×10 矩阵单元的颜色要素即三维颜色要素；3 个 10×10 矩阵单元作为下一步进行 DCT 转换的输入矩阵单元。

（3）DCT 转换的实现。

Discrete Cosine Transform（简称 DCT 变换），是将光强数据转换成频率数据的一种变换方法。将 Y、Cb、Cr 的矩阵单元的颜色要素都单独进行二维 DCT 转换，即水平方向 DCT 转换和垂直方向上的 DCT 转换。完成 DCT 转换后，图像的低频内容用 DCT 系数左上部的区域来进行表达，图形高频内容元素用 DCT 系数右下部分区域来表达。

（4）Z 形扫描的实现。

DCT 系数左上部的区域描述了图形的轮廓，DCT 系数右下部分区域描述了图形的细节。为了得到图像的轮廓特点，我们采用了 Z 形扫描方法，从图形的左上角开始扫描，沿 Z 形路线行走。这样，图像轮廓先于图像细节被整理出来。

（5）完成 Z 形扫描后，低频系数保留了图像的轮廓特征，45 个低频系数被提出来作为颜色分布特征，图 3.7 给出了 Z 形扫描过程的原理图。

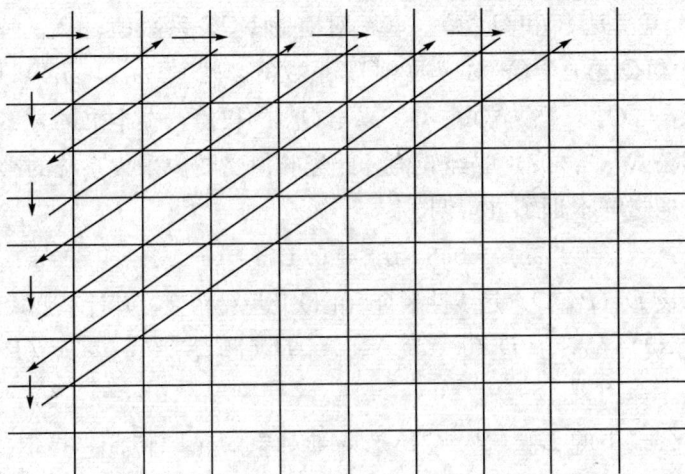

图 3.7　Z 形扫描过程

3.5.4　颜色及颜色层次特征与轮廓特征融合

设待查图像 P 和数据库中某一标准样本 Q 之间的直方图距离为 D_1 $(P，Q)$，则 D_1 $(P，Q)$ 的计算方法为：

$$D_1(P,Q) = \Big[\sum_{i=0}^{255} |P_i - Q_i|^2 \Big]^{\frac{1}{2}} \qquad (3-25)$$

公式中的 P_i 和 Q_i 是待查图形 P 和样本库 Q 的直方图 i 的具体数值。

设待查图像 P 和数据库中某一标准样本 Q 之间的颜色层次距离为 D_2 $(P，Q)$，则 D_2 $(P，Q)$ 的具体计算方法为：

$$D_2(P,Q) = \sqrt{\sum_i \omega y \, (P_{Yi} - Q_{Yi})^2} +$$

$$\sqrt{\sum_i \omega_{Cb} \, (P_{Cbi} - Q_{Cbi})^2} + \sqrt{\sum_i \omega_{Cr} \, (P_{Cri} - Q_{Cri})^2}$$

$$(3-26)$$

其中，P_{Yi}、Q_{Yi}、P 和 Q 第 i 个 Y 对应的 DCT 系数值；

P_{Cbi}、Q_{Cbi} 是 P 和 Q 第 i 个 Cb 对应的 DCT 系数值；P_{Cri}、Q_{Cri} 是 P 和 Q 第 i 个 Cr 对应的 DCT 系数值。$(\omega_y，\omega_{Cb}，\omega_{Cr})$ 是对应 P_{Yi} 与 Q_{Yi}，P_{Cbi} 与 Q_{Cbi}，P_{Cri} 与 Q_{Cri} 的权值，在本书的方案中，按照公式（3－27）取经验值，此经验值受图像采集系统的影响，可以通过样本训练进行调整。

$$\omega_y = 0.8, \omega_{Cb} = 0.1, \omega_{Cr} = 0.1 \qquad (3-27)$$

设 $D(P，Q)$ 是线性融合后的欧几里得距离，其计算公式为：

$$D(P,Q) = \omega_1 \times D_1(P,Q) + \omega_2 \times D_2(P,Q) + \omega_3 \times D_3(P,Q)$$
$$(3-28)$$

公式中的 $D_3(P，Q)$ 是场景对象的轮廓特征，提取方法参照文献［149］进行。ω_1、ω_2、ω_3 是联合系数，可以通过一定数量的样本训练调整得到，约束条件是三个参数的和为 1。

3.6　四层树状语义模型概念层的生成

这里的概念层由场景对象的名称组成，场景对象的颜色、颜色层次图、轮廓形状对应一个场景对象的名称，在样本训练时由交互的方式输入，在样本测试时，通过颜色、颜色层次图、轮廓形状从视觉层进行查找，找出对应的场景对象名称。

3.7　四层树状语义模型关系层的构建

3.7.1　场景对象空间位置关系的语义描述方法

（1）场景对象距离计算。

选择目标物边缘的任意一点 $(x_m，y_m)$，选择周围备选参照

物边缘的任意一点 (x_n, y_n)，按照式（3 − 29）计算目标物与备选参照物之间的距离 d。

$$d = \min(\sqrt{(x_m - x_n)^2 + (y_m - y_n)^2}) \qquad (3 - 29)$$

（2）场景对象之间方向关系计算。

本书采用 Roop[150] 提出的 3×3 方向关系矩阵模型来表示整个场景对象中的方向关系，以参照物为中心，方向被分成 9 个区域，W＝西、N＝北、S＝南、E＝东、SW＝西南，其他以此类推。目标物在 9 个区域中分布，3×3 矩阵对应位置取 1 或 0。

如图 3.8，场景对象 A 为参照物，B 为目标物，则方向关系矩阵表示为：

$$\boldsymbol{M} = \begin{bmatrix} 0 & 1 & 1 \\ 0 & 1 & 1 \\ 0 & 0 & 0 \end{bmatrix}$$

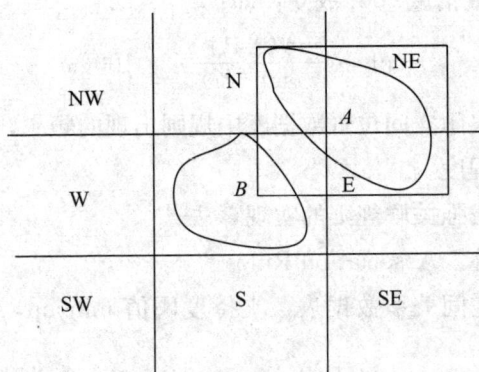

图 3.8　方向矩阵模型用例

（3）场景对象之间拓扑关系的计算。

9 交模型[90] 被认为是经典的空间拓扑关系模型，其定义如下：A、B 为简单空间的两个几何对象，∂A、∂B 为 A、B 的边界，A^0、B^0 为 A、B 的内部，A^-、B^- 为 A、B 的外部。A

与 B 的空间拓扑关系表示为：

$$9I = \begin{bmatrix} A^0 \cap B^0 & A^0 \cap \partial B & A^0 \cap B^- \\ \partial A \cap B & \partial A \cap \partial B & \partial A \cap B^- \\ A^- \cap B^0 & A^- \cap \partial B & A^- \cap B^- \end{bmatrix} \quad (3-30)$$

其中的元素都用 0、1 表示空和非空两种取值。

3.7.2 场景对象空间位置关系关联规则的数据挖掘

（1）关联规则概念的引入。

给定场景包含不同的项目集 $I = \{i_1, i_2, \cdots, i_m\}$，$T = \{t_1, t_2, \cdots, t_n\}$ 是同类场景的不同图像的空间位置关系数据库，且有 $t_j \subseteq I$，关联规则是类似于 $X \rightarrow Y$（$X \subseteq I$，$Y \subseteq I$，$X \cap Y = \varnothing$）的蕴含式，若 T 中包含 $X \cup Y$ 的比例为 sup，则 $X \rightarrow Y$ 在 T 中的支持度为 sup，T 中 X 包含 Y 的比例为 conf，则 $X \rightarrow Y$ 在 T 中以置信度 conf 成立，即：

$$\text{conf} = \frac{\sup(X \cup Y)}{\sup(X)} \times 100\%$$

支持度表示空间位置数据库中规则出现的频率，置信度表示规则的可行程度。

（2）寻找强关联规则的实现算法[154]。

算法名称：Association Rules

输入：空间关系数据表，支持度阈值 minsup，置信度阈值 minconf。

输出：满足支持度（minsup）和置信度（minconf）的空间关系关联规则。

3.8　四层树状语义模型语义层的描述方法

3.8.1　高层潜在语义计算方法

为了得到场景的高层潜在语义，需要得到场景对象的分类属性，为此需要计算场景对象名称与标准分类库之间的语义相似度。本书采用了比较典型的通用本体库和 Rodriguez、Egenhofer 方法[151]。对于一个实物的名称 C，首先计算其在 Word Net 库中的信息量（Information Content，IC）值，如公式（3-31）所示。

$$\mathrm{IC_{wn}}(c) = 1 - \frac{\log(\mathrm{hypo}(c) + 1)}{\log(\mathrm{max_{wn}})} \tag{3-31}$$

其中，hypo 返回给定概念的下位词量；$\mathrm{max_{wn}}$ 是分类中概念的最大数量；归一化处理后，$\mathrm{IC} \in [0, 1]$；检索词 C_i 与模型库语义树某节点 C_j 的语义相似度用式（3-32）计算。

$$\mathrm{sim_{jcn}}(c_i, c_j) = 1 - \frac{\mathrm{IC_{wn}}(c_i) + \mathrm{IC_{wn}}(c_j) - 2 \times \mathrm{sim_{res}}(c_i, c_j)}{2}$$

$$\tag{3-32}$$

$$\mathrm{sim_{res}}(c_i, c_j) = \max_{C \in S(c_i, c_j)} \mathrm{IC_{res}}(c), c_i \in W, c_j \in S \tag{3-33}$$

模型库语义树采用 PSB（Princeton Shape Benchmark）标准库。语义树总图及分类关系见图 3.9，部分语义树子图及实例见图 3.10。

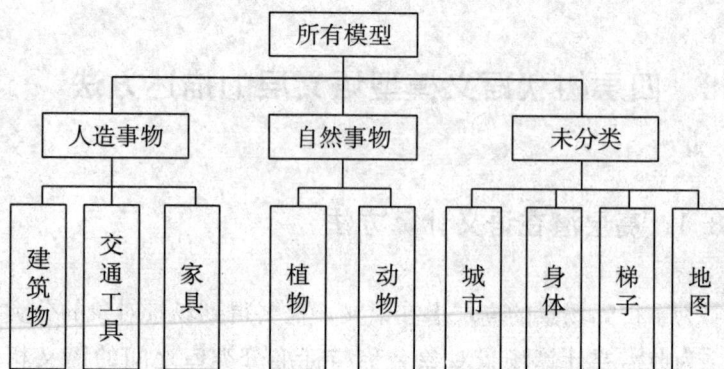

图 3.9 模型库语义树总图及分类关系

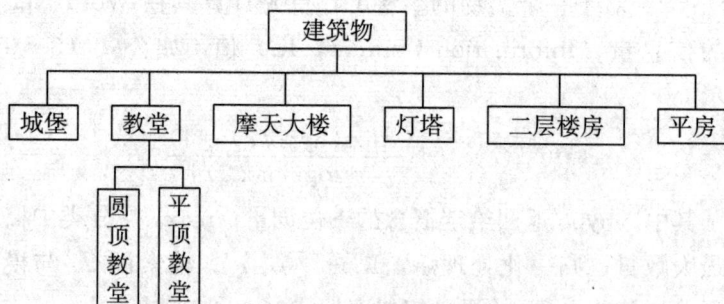

图 3.10 部分模型库语义子树及实例

实物分类的语义检索从语义树的叶子节点开始检索，根据语义相似度找到匹配的实物名称，根据其父节点或祖父节点得到实物的类别。

3.8.2 语义层的语法生成规则

语义层为多维词组，词组的中文语法规则为：高层潜在语义＋场景类别＋（主要场景对象＋谓语＋宾语）（可缺省）。

3.9　四层场景语义树分类模型的构建算法

前面介绍了四层场景语义树相关具体步骤的实现方法，现在介绍语义树分类模型的构建算法。

算法名称：Produce_four_layer_semantic_tree（）

输入：某类场景图像集 $\{C_{\text{image}}^i,\ i=1,\ 2,\ \cdots,\ n\}$，对应场景对象的名称 $\{\text{name}_j^i\ (j=1,\ 2,\ \cdots,\ m)\}$。

输出：该类场景的四层场景语义树分类模型。

（1）开始周期为 n 的循环。

（2）构建视觉图像特征层。在每类场景中，统计该场景样本中各种概念单词出现的频率，设 Th 为阈值参数，选择概念单词出现频率高于该阈值的场景实物的特征，按照以下方法建立叶节点。视觉层的叶节点为三元组元素，$\text{Tree}^4 = \{T_c^4,\ T_{\text{cld}}^4,\ T_{\text{oln}}^4\}_k$，其中 T_c^4 为场景对象的颜色特征向量，T_{cld}^4 为场景对象的颜色层次特征向量，T_{oln}^4 为对象的轮廓特征向量（各种场景概念单词的交集不重复构建）。

（3）构建 Tree^4 的父节点 $\text{Tree}^3 = \{\text{name}_j^i\ (j=1,\ 2,\ \cdots,\ m)\}$（概念层）。

（4）以场景中语义级别最高（以概念单词的词频和占场景面积大小为评价依据）的概念单词作为参照物，计算场景实物之间的位置（方向、拓扑、距离）关系，并进行关联规则数据挖掘。

（5）构建关系层 $\text{Tree}^2 = \{T_{\text{location}}^2,\ T_{\text{frequency}}^2\}$，其中 T_{location}^2 向量存储位置关系，$T_{\text{frequency}}^2$ 向量存储概念单词的词频分布。

（6）构建语义层 $\text{Tree}^1 = \{T_k\}$，语义层为多维词组，词组的中文语法规则为：高层潜在语义＋场景类别＋（主要场景对象＋谓语＋宾语）（可缺省）。

3.10 测试图像与分类模型语义相似性计算方法

3.10.1 语义特征的获取

对于测试用的一幅新图，对其进行图像分割后，首先提取其颜色、颜色层次图、对象轮廓等参数。通过对四层语义树叶节点的检索，得到概念单词与概念单词频率分布向量。按 3.7 节提供的方法得到概念单词的空间位置关系向量，按 3.8.1 提供的方法计算出高频率概念单词的高层潜在分类属性。设 **Wfrequency** 为概念单词频率分布向量，**Sfrequency** 为概念单词空间位置关系向量，则语义特征 **Semantic _ feature** 的表示公式为：

$$\textbf{Semantic \_ feature} = \left[\omega_1 \times \textbf{Wfrequency}, \omega_2 \times \textbf{Sfrequency} \right]$$

$$(3-34)$$

其中，ω_1、ω_2 为经验权值系数。

3.10.2 语义相似性计算方法

对于分类模型和测试图像均可以用式（3−34）计算其语义特征，判断测试图像属于哪一类则用 χ^2 相似度来进行语义特征之间的比较，具体实现如公式（3−35）。

$$\chi^2(h, H_i) = \frac{1}{2} \sum_{k=1}^{K} \frac{\left[h(k) - H_i^k(k) \right]^2}{h(k) + H_i^k(k)} \qquad (3-35)$$

公式中的 h 是测试样本的语义特征，H_i 是某一类分类模型的语义特征，K 表示语义特征的维数。判断的分类规则是 χ^2 越小，h 则属于该 H_i 类图像。

3.11 实验与实验分析

3.11.1 功能验证实验与分析

赵理君[146]在其综述中指出,常用的场景分类库如表 3.1 所示。从表中可以看出,FP 是目前比较经典的场景分类数据集。该数据集分出了 13 类场景,而其他的分类数据集中场景分类只有 8 类。其中 LF 场景库专门针对运动场景。但 FP 提供的是灰度图像,不能满足本书方法提取颜色直方图和颜色层次图的需要,故采取的策略是借鉴 FP 数据库的场景类别自己建立场景分类的测试库,图像来源包括 Corel 图像集和百度搜索引擎,这样可以保证测试样本的普适性。实验选择了 12 类场景,每类场景有 400 幅图像(平均尺寸为 250×250 像素)。其中 300 幅用于建立对应场景的场景语义树,另 100 幅用于测试检验。

表 3.1 典型的场景分类数据库

场景库名称	建立者及年份	类别数	场景特点
OT	Oliva, 2001[152]	8	彩色图像
FP	Feifei L, 2005[142]	13	灰度图像
LF	Li 和 Li, 2007[153]	8	彩色运动场景图像

为了验证算法的有效性,对各类场景做如下编号:卧室(1),高楼(2),街道(3),郊区住房(4),乡村(5),办公室(6),停车场(7),高速公路(8),商场(9),住宅小区(10),厨房(11),起居室(12)。为了进行功能验证和对比实验,所有的程序都用 Matlab-R2009a 实现,测试在一台配置为 CPU-

AMD 3600+2.00 GHz，内存 1.00GB 的 PC 机上进行。图 3.11 是部分实验场景样例，图 3.12 是各种场景对应的识别率直方图。

卧室　　　　　　　高楼　　　　　　　街道

郊区住房　　　　　乡村　　　　　　办公室

停车场　　　　　高速公路　　　　　商场

住宅小区　　　　　厨房　　　　　　起居室

图 3.11　场景类别库的样例图

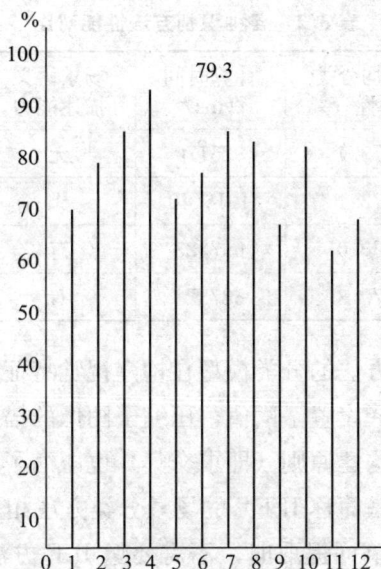

图 3.12　每类场景的分类准确率

从图 3.12 中不难看出，在 12 类场景中，分类准确率较低的是商场（9）、起居室（11）、厨房（12）等室内的场景，原因是这些场景中对象数目多而且有比较复杂的位置重叠关系，所以分类准确率较低，提高其分类准确率需要底层图像特征的处理技术的提升。

3.11.2　对比实验与分析

为了验证所提出的新方法与传统算法相比场景语义识别能力是否提高，我们选择了两个传统的场景分类方法与本书提出的方法进行了对比实验，训练样本容量为 $12 \times 300 = 3600$ 幅场景图片。实验主要从平均分类准确率、计算时间和高层语义描述能力三个方面进行了对比，表 3.2 给出了实验结果。

表 3.2　各种识别方法性能对比

方法	平均分类准确性（%）	计算时间（ms）	场景语义描述能力	高层语义描述能力
文献 [144]	73.4	925170	无	无
文献 [145]	72.1	1016140	无	无
文献 [147]	60.0	697323	有	无
本书方法	79.3	687323	有	有

　　本书提出的方法的分类模型在构建视觉特征层时，对每类场景概念单词的选择设置了阈值，压缩了图像的描述。而各类场景概念单词不重复构建原则（即求交集）也压缩了图像描述。与基于底层分类特征（简称 ILF）的场景分类方法相比，本文提出的方法在实现概念单词提取时，不需要像 ILF 方法那样对样本库中每幅图像进行遍历比对（语义相似度计算是少数几次的计算，时间可以忽略）。所以，本书方法的时间复杂度理论上应低于 ILF 方法，如文献 [144，145] 中的方法。本书的方法充分考虑了图像的底层特征和概念单词的空间位置关系，所以识别率应高于 ILF 方法和基于中高层特征的方法。

　　从表 3.2 中的实验结果也可以看出，本书提出的方法平均分类准确性比 ILF 方法提高了 7%，比基于中高层特征方法高 10%以上。由于本书的方法采用了压缩存储结构，所以计算时间比 ILF 方法节约了约 30%，而且具有了场景语义描述和高层潜在语义描述的能力，这是传统方法所不具备的优势。

3.12　本章结论

　　本书提出的方法实现了场景分类和语义描述，平均识别率约为 79.3%，分类准确率较低的是商场、起居室、厨房等室内的场景，原因是这些场景中对象数目多而且有比较复杂的位置重叠关系。与传统的方法相比，本书提出的方法平均分类准确性提高了 7%，计算时间节约了约 30%，而且具有了场景语义描述和高层潜在语义描述的能力。

将来的工作应放在三个方面：①如何提高底层视觉特征提取的准确性，以提高复杂室内场景的分类识别率。②在大样本的情况下，场景分类的计算时间复杂度还是偏大，需要降低 1 至 2 个数量级才能达到实时性的要求，将来的工作应关注如何降低算法的时间复杂度，以达到工程应用中实时性的要求。③目前的方法缺乏动态场景的描述能力，这也是将来的研究方向之一。

第4章 视频中运动人体身份
识别的认知物理学方法

4.1 引言

    中国工程院李德毅院士认为，人的认知本质上是对客观事物的简化和归纳，这一点和物理学发展的规律是一致的。将物理学中的方法和理论引入人的主观思想对客观世界的认知过程中，这种新方法称为认知的物理学方法[154]。认知物理学方法在人工智能和模式识别中的成功运用案例是"数据场"，数据场认知学借鉴物理学的"场论"，如引力场、电场等实现对数据的物理学描述。以空间位置坐标为自变量的矢量或标量函数通常用来描述场的属性，由此形成了矢量场或标量场。典型的标量场是势场，对应的势函数是质点位置的函数。将物理学中场的概念推广到认知学中的数域空间，把数域空间的每个数据看成一个质点，由多个质点的相互作用构成场，每个质点都置身于场中，受到场的作用和影响，整个数域空间就构成了一个数据场[155]。很多学者都已经在数据场的理论层面和应用层面进行了大量有价值的研究。淦文燕[156]提出了基于数据场的层次聚类方法，在虚拟数据场中模拟了数据点的相互作用和相互运动，实现了数据的自组织聚类。王树良等[157]根据数据场的思想，实现了对表情脸的数据场描述，利用数据场实现了对表情脸的自动识别。陶建斌[158]等将数据场的聚类方法引入遥感影像技术中，利用光谱点的相互作用，实现了遥感图像的自动分类。吴涛等[159]将数据场应用到图像边缘检测，基于云模型和数据场实现了图像边缘的表示和提取。用数据场对人脸进行非线性建模已经在文献［157］中有了成功的应用，李凯[160]等也实现了基于数据场的人脸特征提取。伍爵博[161]在其博士论文中给出了基于云模型与数据场的人脸表情识别框架，同时研究了基于数据场的人物轨迹图像的特征提取方法，实现了空间人物的行为挖掘。目前还没见到将数据场用于人脸身份识别的成果，将数据场用于步态身份识别也没有相关的研究成果。

　　从第 1 章概论的分析中可以看出，视频场景中运动人体身份识别的有效方法是人脸和步态识别。人脸图像和步态信息都是高度非线性模式，而且这两种图像信息都是高维数据，必须进行降维。目前的降维方法主要是线性的，降维后对信息的损耗很大[106]。数据场是一种有效的非线性建模和非线性降维方式，已经有了很多的成功应用[155−161]，所以从理论上讲将数据场用于人脸、步态信息的非线性建模和非线性降维，可有效实现降维并降低信息损耗，对身份识别率的提高是有较大帮助的。

　　在图形图像领域有一个公认的理论，不论是人脸还是步态信息，在考虑所有信息的条件下，人脸或步态是唯一的。所以，合理的多特征融合必然能提升识别率。多特征融合分为三个层次：数据层、特征层和决策层，本书的方法在三个层次都进行了融合。

　　现有的方法对步态和人脸的数据降维主要采用线性变换，而人脸、步态的图像分布是高度非线性的，同时大样本容量下身份识别的计算时间较长。针对这些问题，本书提出了一种人体身份识别的认知物理学方法，将物理学中物质间相互作用及场的描述方法引入抽象的数域空间，将人脸特征和步态特征用数据场进行表征，借鉴物理学中的力学和运动学原理，利用数据的相互作用和运动对数据进行自组织聚类，以这种非线性变换的方式实现身份特征数据的降维。对样本库以最大势函数值进行排序，实现了离散点快速检测和样本检测的二分法查找，从而大幅降低了查找时间。基于改进后的 D−S 证据论对人脸和步态进行决策层的融合，提高了人体身份识别的精度。

4.2 运动人体身份识别认知物理学方法实现流程

图 4.1 给出了身份识别认知学物理方法的实现流程。在该流程中，描述了视频数据从数据场表征到非线性降维，最后到身份数据库的建立和识别的过程。身份识别融合了步态轮廓、膝关节、脚关节的周期运动信息和人脸信息。D−S 证据论是目前比较成熟的决策层的融合方法，从理论上讲这样的处理流程对身份识别率提高会有较大的帮助。

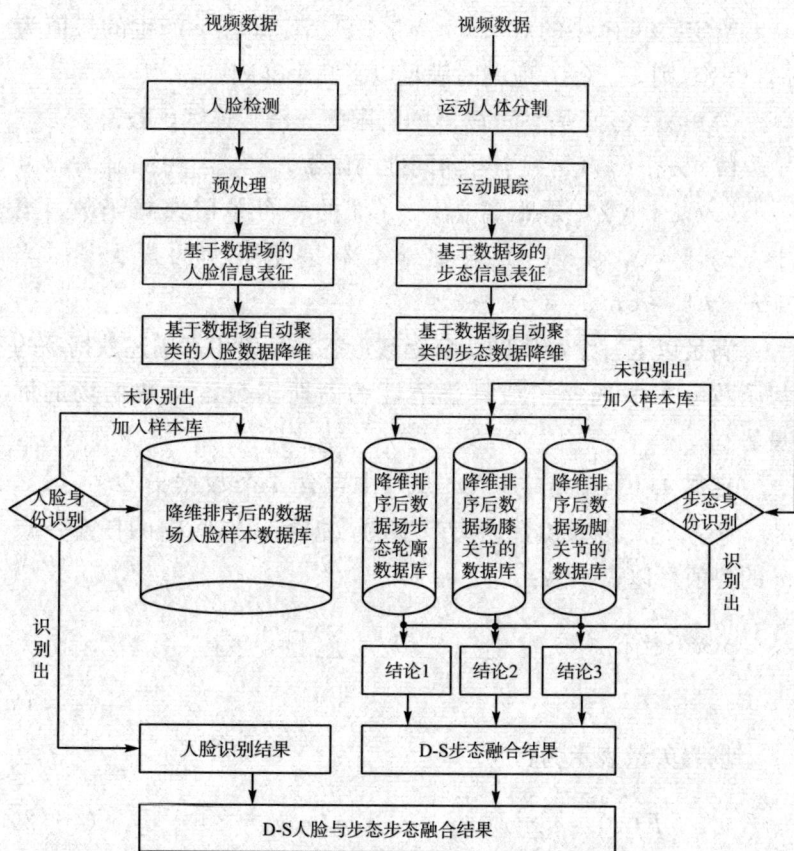

图 4.1　身份识别认知学物理方法实现流程

4.3　数据场的引入

4.3.1　数据场势值和场强矢量的引入

借鉴物理学中关于"场"的势函数的性质，可以给出数据场势函数的形态准则[162]。

给定空间 Θ 中的对象 x，$\forall \gamma \in \Theta$，若 x 在 γ 产生的势值为 $\varphi_x(\gamma)$，则 $\varphi_x(\gamma)$ 应同时满足以下三个准则：

（1）$\varphi_x(\gamma)$ 是空间 Θ 上的有限、光滑、连续函数。

（2）$\varphi_x(\gamma)$ 是一个各向同性的函数。

（3）$\varphi_x(\gamma)$ 是距离 $\|x-\gamma\|$ 的一个单值递减函数。当 $\|x-\gamma\|=0$，$\varphi_x(\gamma)$ 取到一个不是无穷大的最大值；当 $\|x-\gamma\| \to \infty$，$\varphi_x(\gamma) \to 0$。

满足以上三个准则的所有函数形态都可以用来描述数据场的势函数，本书选择了最具普适性的高斯函数定义数据场的标量势。

定义 4.1 给定空间 $\Theta \subseteq R^p$ 中包含 n 个数据集 $D = \{x_1, x_2, \cdots, x_n\}$ 以及由数据集产生的数据场，空间中的任意一点 x 的势值可以表示为：

$$\varphi(x) = \varphi_D(x) = \sum_{i=1}^{n} \varphi_i(x) = \sum_{i=1}^{n} \left[m_i \times e^{-(\|x-x_i\|/\lambda)^2} \right]$$

$$(4-1)$$

场强矢量表示为：

$$F(x) = \sum_{i=1}^{n} \left[(x_i - x) \cdot m_i \cdot e^{-(\|x-x_i\|/\lambda)^2} \right] \quad (4-2)$$

式（4-1）中，$\|x-x_i\|$ 是场点 x 与对象 x_i 之间的距离，$m_i \geq 0$ 是对象 $x_i(i=1,2,\cdots,n)$ 的质量，假设质量满足归一化条件，$\sum_{i=1}^{n} m_i = 1$，则式（4-1）可以简化为：

$$\varphi(x) = \frac{1}{n} \sum_{i=1}^{n} e^{-(\|x-x_i\|/\lambda)^2} \quad (4-3)$$

$\lambda \in (0, +\infty)$ 称为影响因子，用于约束场点之间相互作用的力程。

4.3.2　数据场中影响因子的优选方法

从式（4-1）和式（4-2）可以看出其他参数都是数据固有的物理参数，而影响因子 λ 是一个可调参数，会对数据场的空间分布产生极大影响，为此，需要对其进行优选。对于特定的数据场，希望得到最合理的势场分布，引入势熵的概念[162]来衡量分布的合理性。设 $\{x_1, x_2, \cdots, x_n\}$ 的势值为 $\{\zeta_1, \zeta_2, \cdots, \zeta_n\}$，则势熵定义为式（4-4）：

$$H = -\sum_{i=1}^{n} \frac{\zeta_i}{Z} \log(\frac{\zeta_i}{Z}), Z = \sum_{i=1}^{n} \zeta_i \qquad (4-4)$$

定义了势熵后，λ 的优选算法如下：

输入：数据集 $D = \{x_1, x_2, \cdots, x_n\}$，精度要求 ε。

输出：优选的影响因子 λ。

4.4　基于数据场的人脸信息表征

图 4.2 给出了一张标准的灰度人脸和根据式（4-5）计算出的人脸的数据场的等势线。

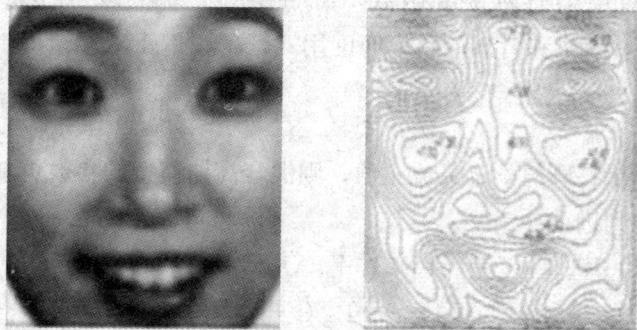

图 4.2　标准人脸图像及数据场等势线

给定 $m \times n$ 的人脸灰度图像 $A_{m \times n}$，将像素点作为二维空间的数据对象，像素点的灰度 ρ_{ij} 作为对象的质量，像素点的相互作用则可以构成一个人脸图像的数据场，数据场中任意一点 x 的势值计算为：

$$\varphi(x) = \sum_{i=1}^{m} \sum_{j=1}^{n} \rho_{ij} \times \mathrm{e}^{-(\|x - x_{ij}\|/\lambda)^2} \qquad (4-5)$$

4.5 基于数据场的步态信息表征

4.5.1 运动人体步态轮廓特征提取

采用基于混合高斯模型[163]的背景减除法来提取运动人体步态轮廓。背景像素点的分布由 N 个高斯分布来建模，设 k 是表示像素值的一个随机过程，则组成混合高斯模型的概率密度函数表示为：

$$p(k) = \sum_{n=1}^{n} W_n \times \eta(k, \mu_n, \sigma_n) \qquad (4-6)$$

此处 W_n 为 $\eta(k, \mu_n, \sigma_n)$ 的权值，η 是均值为 μ_n，方差为 σ_n 的正态高斯密度函数。初始化时，$w_n = w_0$，$\mu_k = \mu_0$，$\sigma_n = \sigma_o$，前景和背景的目标匹配用式（4-7）计算：

$$\frac{\|k - \mu_j\|}{\sigma_j}, j \in [1, \cdots, N] \qquad (4-7)$$

如果将阈值 τ 定义成正值，则混合高斯模型的参数更新按照以下规则进行：

（1）$W_n(t) = (1-\zeta) W_n(t-1) + \zeta M_n(t)$

（2）$\mu_n(t) = (1-\tau) \mu_n(t-1) + \tau k$

（3）$\sigma_n^2(t) = (1-\tau) \sigma_n^2(t-1) + \tau \|k - \mu_n(t)\|^2$

　　根据式（4-7）中 j 的匹配情况，$M_n(t)$ 的值取 1 或 0，ζ 是学习因子，取一个常数。τ 由式（4-8）定义：

$$\tau = \zeta \times \eta(k/\mu_n, \sigma_n) \tag{4-8}$$

　　选用中国科学院自动化研究所（CASIA 步态数据库）[140] 部分样本进行实验，图 4.3 是背景减除后的运动人体步态轮廓二值图像。

图 4.3　背景减除后的运动人体步态轮廓二值图像（部分）

4.5.2　运动人体下肢关节步态特征提取

　　由于人体行走的步态参数具有周期性，所以周期检测是步态处理的一个重要环节。采用了 Kale[164] 提出的用人体宽度向量的范数与时间之间的变化曲线来检测步态周期。在一个步态周期中，针对不同的人，人体下肢的膝关节和脚关节与根关节之间的角度变化有一定的规律。第 2 章已经实现了对人的关节点的跟踪，将膝关节和脚关节角度变化与时间 t 的关系描绘出，得到两个关节的时序变化图依然采用 CASIA 步态数据库，图 4.4、4.5 分别描述了三个人在一个步态周期的关节时序图，图中 t 代表时间帧。

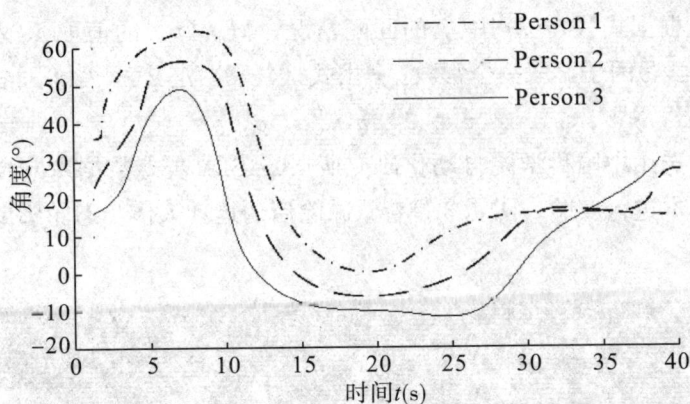

图 4.4 膝关节随时间的变化曲线

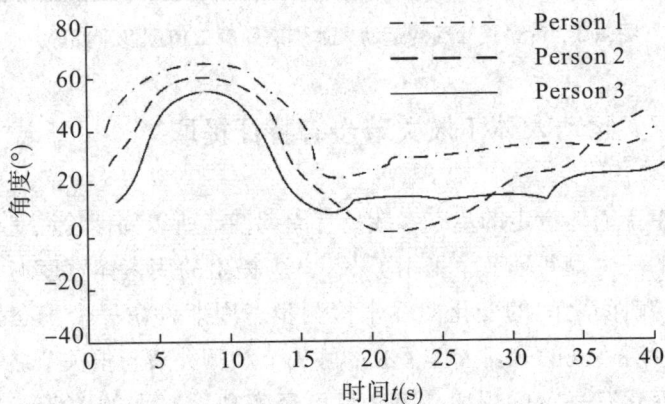

图 4.5 脚关节随时间的变化曲线

4.5.3 运动人体步态特征的数据场描述

选择了运动人体的轮廓和下肢关节（膝关节和脚关节）共三种参数作为步态的特征向量。

对于运动人体步态轮廓，将轮廓的边缘像素点作为二维空间的数据对象，轮廓边缘像素点的曲率 K_{1j}（$j=1, 2, \cdots, l$）作为数据对象的质量，l 是所取边缘轮廓点的个数。对于膝关节时序图，取角度值和时间值作为二维空间中的数据对象，对应点的曲率 K_{2j}（$j=1,2,\cdots,l$）作为数据对象的质量，l 是所取曲线关键点的个数。脚关节同理，取曲率为 K_{3j}（$j=1,2,\cdots,l$）。由此可以得到步态轮廓和关节角度变化时序图的数据场，数据场中任意一点 x 的势值用式（4-9）计算，其中，m 代表三种步态信息纵坐标的上限。

$$\varphi(x) = \sum_{i=1}^{m} \sum_{j=1}^{l} Kh_j \times e^{-(\|x-x_j\|/\lambda)^2} \quad (h=1,2,3) \quad (4-9)$$

4.6　步态数据库样本中人脸区域的提取方法

要实现人脸与步态的数据融合，需要人脸和步态取值于同一人，由于实验选择的是 CASIA 步态数据库，为此需要对步态图像序列中的人脸进行检测和提取。本书沿用了文献［165］的方法，基于矩形窗和肤色检测实现人脸的提取。其具体实现流程如图 4.6 所示。

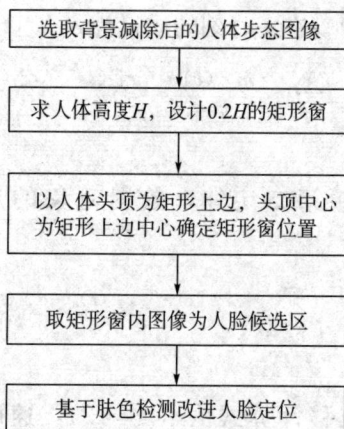

图 4.6　步态图像序列中人脸检测与提取流程

4.7 运动人体身份识别的具体实现

4.7.1 基于力学和动力学原理的数据非线性降维

人脸特征参数和步态特征参数实现数据场表征后，数据对象集合中的数据在数据力场中受到场力作用而在小的时间段 $[t, t+\Delta t]$ 内的运动来实现自动聚类，通过动态统计聚类过程中数据的个数来控制聚类的精度，设置不同的聚类精度则可实现对原始数据场的非线性降维。

聚类实现的算法如下[156]：

输入：人脸或步态数据集 D，样本集的个数 n，算法终止时的分类精度 ϵ。

输出：降维后的数据场 $\{\Pi_0, \Pi_1, \cdots, \Pi_k\}$。

（1）优选影响因子 λ。

（2）数据对象受到的力计算为式（4－10）。其中 D_{core} 为数据对象集，$x_i^* \in D_{core}$ 在 t 时刻的质量为 $m_i^*(t)$。

$$F^{(t)}(x_i^*) = m_i^*(t) \cdot \sum_{x_j^* \in D_{core}} \{m_j^*(t) \cdot [x_j^*(t) - x_i^*(t)] \cdot e^{-(\|x_j^* - x_i^*\|/\lambda)^2}\}$$

$$(4-10)$$

（3）根据牛顿第二定律，数据对象的加速度计算为式（4－11）：

$$a^{(t)}(x_i^*) = \frac{F^{(t)}(x_i^*)}{m_i^*(t)} = \sum_{x_j^* \in D_{core}} \{m_j^*(t) \cdot [x_j^*(t) - x_i^*(t)] \cdot e^{-(\|x_j^* - x_i^*\|/\lambda)^2}\}$$

$$(4-11)$$

（4）相应的位移计算式为（4－12），速度计算式为（4－13），初始速度简化为0。

$$x_i^*(t + \Delta t) = x_i^*(t) + \frac{1}{2}a^{(t)}(x_i^*) \times \Delta t^2 \quad (4-12)$$

$$v^{(t+\Delta t)}(x_i^*) = v^{(t)}(x_i^*) + a^{(t)}(x_i^*) \times \Delta t \quad (4-13)$$

（5）同一类的数据点会相向运动并合并成一类，合并后的质量用式（4-14）计算，合并后的位置用式（4-15）计算，合并后的速度用式（4-16）计算。

$$m_{new}^*(t) = m_i^*(t) + m_j^*(t) \quad (4-14)$$

$$x_{new}^*(t) = \frac{m_i^*(t) \cdot x_i^*(t) + m_j^*(t) \cdot x_j^*(t)}{m_i^*(t) + m_j^*(t)} \quad (4-15)$$

$$v^{(t)}(x_{new}^*) = \frac{m_i^*(t) \cdot v^{(t)}(x_i^*) + m_j^*(t) \cdot v^{(t)}(x_j^*)}{m_i^*(t) + m_j^*(t)}$$

$$(4-16)$$

算法递归执行，直至满足分类精度。

图 4.7 是图 4.2 人脸样本数据集自动聚类后形成的二次数据场分布图（降维精度设置为样本点数量缩减为原来的 10%）。

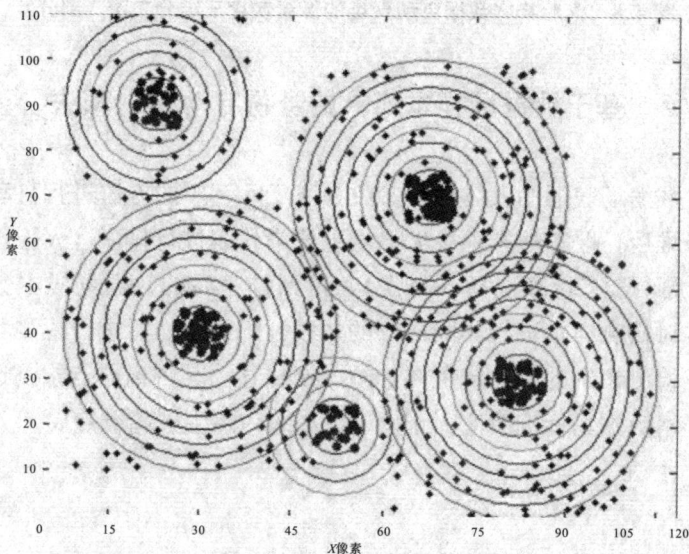

图 4.7　人脸样本数据自动聚类的分布图（部分）

数据场表征后的人脸或步态数据经过自动聚类后实现降维，得到降维后新的灰度或者曲率的分布，将每个样本的新数据进行统计分析，图 4.8 是图 4.7 的三维统计图，可以看出数据点经过运动、合并，样本的主特征点分布更集中。

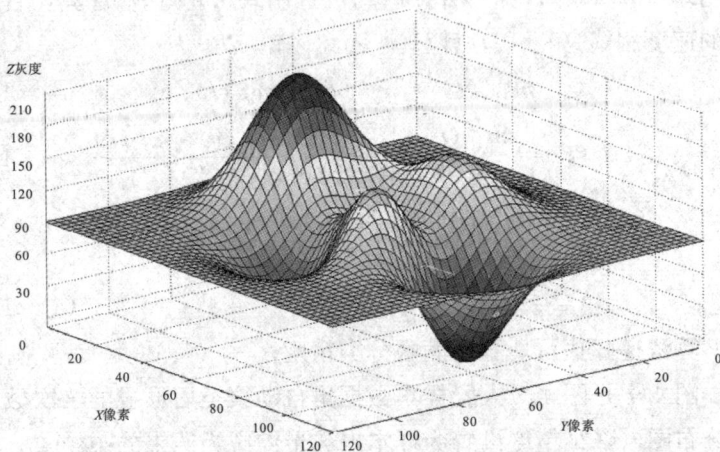

图 **4.8** 人脸样本数据自动聚类的像素灰度三维分布图（部分）

4.7.2 基于数据场样本库人的身份自动识别算法

数据场表征的人体身份参数在基于 4.7.1 的方法进行自动聚类降维后，取各样本中最大势函数值为代表进行排序（人脸选择 4 个点，步态轮廓选择 6 个点），得到排序后的数据场样本数据库，对检测样本进行相同比例的非线性降维，然后进行检测和识别，检测识别的算法流程图如图 4.9 描述。其中离群点检测选择离样本数据场标准距离大于阈值 Th 的为陌生人离群点。

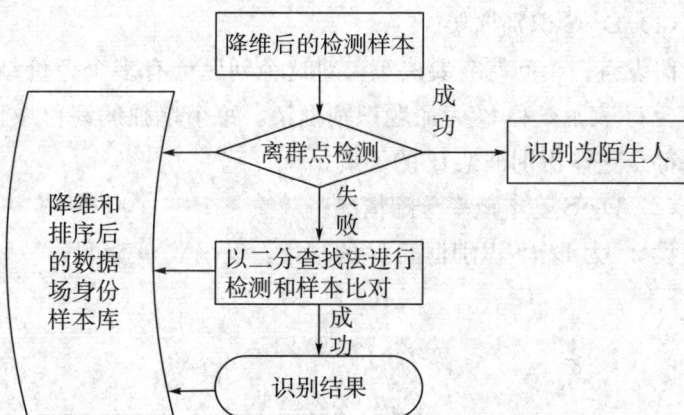

图 4.9　基于数据场样本库人的身份自动识别算法流程

4.7.3　基于数据场样本库人的身份自动识别算法的时间复杂度分析

设原始样本数据容量为 N，在降维的过程中，样本的数据容量降为 $n = N \times \varepsilon$（ε 为降维精度）。在身份识别的过程中，设离散点检测的命中率为 $a\%$，其计算时间只有一次比对，可以忽略不计，设每个标准样本和检测样本单个单元的比对时间为 t，二分法查找的操作次数由 n 降为 $\log_2^n$，所以整体时间复杂度由 $N \times t$ 降低为 $(1 - a\%) \times t \times \log_2^n$。很明显，计算时间有大幅度降低。

4.7.4　D-S证据论的引入与改进

证据论因其特有的优势在各种学科受到了广泛的重视，通常来说，证据论基本技术框架主要包括六个部分[166-167]。

（1）D-S 识别框架。

假设有一个问题需要决策，对这个问题会有多个评价结果，用集合 U 表示，称 U 为命题识别框架。每个单独的评价或识别结果都是整体识别框架 U 的子集。

（2）D-S 基本概率分配情况。

设 2^U 为 D-S 识别框架 U 的幂集，设函数 m 满足：

$$m(\varphi) = 0$$

$$2^U \rightarrow [0,1]$$

$$\sum_{A \subset U} m(A) = 1$$

称 m 为问题识别框架 U 上的基本概率分配函数。对 $\forall A \subset U$，称 $m(A)$ 为 A 的基本概率分配值。

（3）信任函数的定义。

假设有一个函数 Bel 满足：

$$\mathrm{Bel}(\varphi) = 0, \mathrm{Bel}(U) = 1 \qquad \qquad ①$$

$$\mathrm{Bel}(A_1 \cup A_2 \cup \cdots \cup A_n) \geqslant \sum_{i}^{n} \mathrm{Bel}(A_i) - \sum_{i<j}^{n} \mathrm{Bel}(A_i \cap A_j)$$

$$+ (-1)^n \mathrm{Bel}(A_1 \cap A_2 \cap \cdots \cap A_n) \quad ②$$

称 Bel 为问题识别框架 U 的信任函数。

（4）似然函数。

假设 Bel：$2^U \rightarrow [0, 1]$ 为 U 上的信度函数，定义：

$$Pl: 2^U \rightarrow [0,1]$$

$$Pl(A) = 1 - \mathrm{Bel}(\bar{A})$$

$$\forall A \subset U$$

称 Pl 为 A 的似然函数，表示信任 A 的程度。

（5）证据论的组合规则。

设 $\mathrm{Bel}_1, \mathrm{Bel}_2, \cdots, \mathrm{Bel}_n$ 为识别框架 U 下的多个信度函数，$m_1, m_2, \cdots, m_n$ 为对应分配的基本可信度，若 $\mathrm{Bel}_1 \oplus \mathrm{Bel}_2 \oplus \cdots \oplus \mathrm{Bel}_n$

存在，且其基本可信度分配函数为 m，则有：

$$K = \sum_{A_1 \cap \cdots A_n = \varphi}^{n} m_1(A_1) \cdots m_n(A_n) \qquad ①$$

$$K = \sum_{A_1 \cap \cdots A_n = \varphi}^{n} m_1(A_1) \cdots m_n(A_n) \qquad ②$$

公式①、公式②就是该命题的证据论组合规则。

（6）证据论的决策规则。

设 $\exists A_1, A_2 \subset U$，满足：

$m(A_1) = \max\{m(A_i), A_i \subset U\}$，

$m(A_2) = \max\{m(A_i), A_i \subset U, A_i \neq A_1\}$

若有：

$$\begin{cases} m(A_1) - m(A_2) > Th_1 \\ m(\Theta) < Th_2 \\ m(A_1) > m(\Theta) \end{cases}$$ 　　该式即为决策规则。

则 A_1 为决策识别结果，其中，Th_1、Th_2 为预先设定的经验阈值。

D-S 证据论存在的主要问题是，当证据出现冲突时，最后的结论会出现违背常理的情况[168]。本书采用了两个层次的证据论融合，第一层次是步态信息的融合，第二层次是人脸信息与步态信息决策层的融合；为此采用了两种不同的冲突处理方法，规则如下：

（1）对于第一层次步态信息的融合的证据冲突解决思想为[168]：对识别框架 $\Theta = \{A, B, C\}$，$m_1(A) > 0$，$m_2(B) > 0$，当信息融合出现冲突时，$m_1(A)$ 和 $m_2(B)$ 采用局部处理分配给组合后的 A、B；同理，$m_1(A) > 0$，$m_2(B \cup C) > 0$，$m_2(B \cup C)$ 出现证据冲突时，$m_1(A)$ 分配给组合后的 A、B、C 和 $B \cup C$。

（2）对于第二层次人脸信息与步态信息决策层的融合，给予

人脸和步态证据不同的证据权值。由于人脸信息受距离影响较大，而步态信息受距离影响较小，所以对证据权值做如下定义：设观测距离为 d，人脸的证据权值 $K_{face} = h/d$，步态的证据权值为 $K_{gait} = 1 - h/d$，h 是一个实验经验参数。

4.8　实验及对比分析

为了验证本书提出的方法的功能性和有效性，我们将本书方法与一些学者的人脸识别方法、步态识别方法进行了对比实验，所有的程序都用 Matlab – R2009a 实现，测试在一台配置为 CPU–AMD 3600+2.00 GHz，内存 1.00GB 的 PC 机上进行。

4.8.1　功能验证实验

采用 CASIA（Dataset B）数据库进行验证性实验，在其 124 人、11 个视角的数据中，随机选择了 20 人（0°正面和 90°的侧面步态图像序列），形成 40 个样本。对这 40 个样本进行编号，按照图 4.10 的流程进行验证性实验。

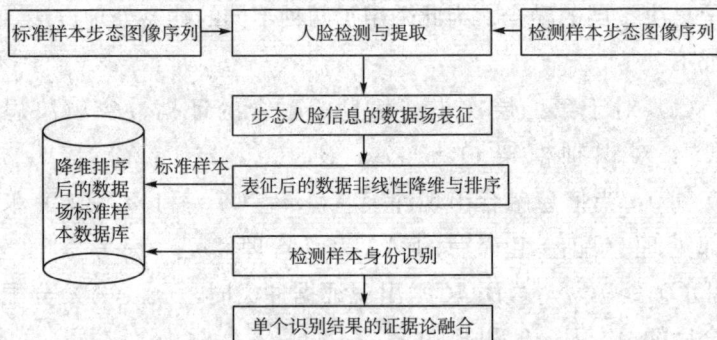

图 4.10　验证实验流程设计

图 4.10 流程中，人脸检测与提取按照 4.6 节提供的方法进行，步态、人脸信息的数据场表征分别按照 4.4 节和 4.5 节提供的方法进行，表征后的数据非线性降维按照第 4.7.1 节提供的方法进行，身份识别算法按照 4.7.2 节提供的方法进行，识别结果的证据论融合按照 4.7.4 节提供的方法进行。表 4.1 给出了部分步态、人脸信息数据场表征数据，表 4.2 给出了对应位置非线性降维后的数据场表征数据（表 4.1、表 4.2 的数据单位和 4.4 节、4.5 节描述一致），表 4.3 给出了样本 1 身份识别的 DS 证据论融合结果。

表 4.1　人脸步态信息数据场表征实验数据（部分）

人体身份编号	人脸信息的数据场表征	膝关节信息数据场表征	脚关节信息数据场表征
1	... (116,30,30) (13,80,60) (53,60,40) ...	... (0.11,10,3) (0.25,30,5) (0.83,40,10) ...	... (0.20,10,3) (0.87,30,5) (0.12,40,10) ...
2	... (109,30,30) (17,80,60) (45,60,40) ...	... (0.13,10,3) (0.27,30,5) (0.79,40,10) ...	... (0.17,10,3) (0.93,30,5) (0.15,40,10) ...

表 4.2　非线性降维后数据场表征实验数据（部分）

人体身份编号	人脸信息的数据场表征	膝关节信息数据场表征	脚关节信息数据场表征
1	... (216,30,30) (0,80,60) (67,60,40) ...	... (0.03,10,3) (0.27,30,5) (0.94,40,10) ...	... (0.11,10,3) (0.87,30,5) (0.12,40,10) ...

人体身份编号	人脸信息的数据场表征	膝关节信息数据场表征	脚关节信息数据场表征
	...	...	...
2	(193,30,30)	(0.05,10,3)	(0.09,10,3)
	(2,80,60)	(0.25,30,5)	(0.97,30,5)
	(79,60,40)	(0.89,40,10)	(0.02,40,10)
	...	...	...

表 4.3　单个识别结果证据论融合实验数据（部分）

识别目标编号	识别方式	对应编号概率	陌生人的概率	不确定的概率
1	人脸	0.6919	0.1708	0.1373
1	膝关节	0.7732	0.1307	0.0961
1	脚关节	0.8148	0.0959	0.0893
1	人体轮廓	0.7193	0.1508	0.1299
1	D-S 融合	0.9617	0.0266	0.0117

从表4.2的数据可以看出，数据点经运动、合并，质量大的位置点质量更大，质量小的位置点质量变得更小，样本的特征分布更明显。去掉质量点为0的数据后，数据得到较好的降维与压缩。

从表4.3的结果来看，经过改进后的 D-S 证据论融合，识别结果的可靠性远高于单个识别方式的结果，识别错误的概率和不确定概率明显降低。

4.8.2　对比实验与分析

表 4.4 中 Grmson（2002）[169]、Lu（2007）[170]、Zhang（2009）[171]均是典型的步态识别算法，Chien（2002）[172]是典型

的人脸识别算法。CMU 是来自卡耐基梅隆大学的步态数据库，NLPR 是来自中国科学院的步态数据库，ORL 是来自日本的人脸数据库。CASIA 是来自中科院自动化研究所的远距离步态数据库，该数据库可以同时得到同一个人远距离的三维步态信息和人脸信息。CASIA 是国际公认的权威步态数据库，被国内外很多研究机构所使用。选择该数据库既与后续行为分析研究用数据库有一致性，又便于与其他算法比较。

表 4.4　本书方法与典型的身份识别方法对比结果

方法	所用数据集与规模	识别率%	平均识别时间/ms
Grmson（2002）[169]	CMU，25 人	81	142
Lu（2007）[170]	NLPR，20 人	87	144
Zhang（2009）[171]	NLPR，20 人	85	137
Chien（2002）[172]	ORL，40 人	90	150
Grmson（2002）[169]	CASIA，40 人	80	141
Lu（2007）[170]	CASIA，40 人	85	143
Zhang（2009）[171]	CASIA，40 人	84	134
Chien（2002）[172]	CASIA，40 人	81.5	145
Physical approach	CASIA，40 人	91	77

从表 4.4 的实验结果可以看出：对于 Grmson（2002）[169]、Lu（2007）[170]、Zhang（2009）[171] 所提供的方法，CMU、NLPR 数据库的识别率结果与 CASIA 数据库的识别率和识别时间相差很小，Chien（2002）[172] 在 ORL 数据库和 CASIA 数据库有较大差异是因为 CASIA 数据库是远距离拍摄的样本，人脸相对模糊。所以，选用 CASIA 数据库作为统一的样本进行算法对比是合理的。为了单纯比对算法的时间复杂度，在算法时间对比时，都不考虑样本训练的时间。

在采用 CMU、NLPR、ORL 数据库进行实验时，用表 4.4 中对应的数据集分别按照 Grmson（2002）[169]、Lu（2007）[170]、Zhang（2009）[171]、Chien（2002）[172] 提供的方法进行特征提取和降维，随机抽取库中样本进行 100 次识别测试，记录成功识别的次数为识别率，记录平均识别时间为识别时间。在采用 CASIA（Dataset B）数据库实验时，在其 124 人、11 个视角的数据中，随机选择了 20 人（0°正面和 90°的侧面步态图像序列），形成 40 个样本。对这 40 个样本进行特征提取和降维，同样随机抽取库中样本进行 100 次识别测试，记录成功识别的次数为识别率，记录平均识别时间为识别时间。

表 4.4 记录了本书提出的方法（Physical approach）与典型的身份识别算法的识别率和识别时间的实验数据对比情况。从实验数据可以看出，由于本书提出的方法采用了人脸与步态数据的非线性表征和非线性降维，同时采用了多层次的 D-S 证据论融合方法，所以识别率高于其他的方法。由于本书的方法实现了二分法检索查找，所以时间复杂度低于其他的方法。与线性变换的人脸和步态识别的平均数相比，本书提出的新方法提高了人体身份识别率约 7%，节约时间约 40%。

4.9 本章结论

本章提出了一种人体身份识别的认知物理学方法，将物理学中物质间相互作用及场的描述方法引入抽象的数域空间；将人脸特征和步态特征用数据场进行表征，借鉴物理学中的力学和运动学原理，利用数据的相互作用和运动对数据进行自组织聚类，以此非线性变换的方式实现身份特征数据的降维，建立以最大势函数排序的数据场样本库。基于改进后的 D-S 证据论对人脸和步态进行融合得到精确的人体身份。利用 CASIA 数据库提取人脸和步态参数进行了实验，结果显示：该方法能实现人体身份的自动识别，识别效率和识别速度都得到了有效的提高。

　　将来的工作应该考虑如何自动建立大样本的数据库，以及在大样本数据库条件下算法识别率与识别时间的测试，并考虑如何提高自动降维的时间效率。

第 5 章 视频场景中运动人体时空关系的自然语言描述方法

5.1 引言

　　用自然语言对运动人体在场景中的时空关系进行描述，是运动人体语义计算一个非常重要的研究内容之一，可以跨越描述结果和人类理解的语义鸿沟。在人类的认知领域中，时空认知能力是人类必不可少的一种基本能力。时空知识的表示与推理具有广阔的应用前景，是哲学、心理学、计算机科学、语言学等多学科交叉的产物，是人工智能领域研究的热点和难点[173−174]。运动人体的行为语义识别，是人工智能的一个重要分支，是智能监控和机器视觉的重要技术基础，而运动人体在场景中的时空关系的自然语言描述和推理则是运动人体行为语义识别的一个重要研究内容。目前，时空关系的自然语言描述研究成果主要集中在地理信息系统领域。大量学者已经取得了丰富的研究成果，包括地理信息系统中空间关系的定义、地理位置的自然语言描述方法、自然语言对地理空间的描述及在空间查询中的应用等[175−176]。但这些研究主要是针对静态的地理目标，并没有考虑时间的因素。对时空关系描述的核心技术是时空拓扑关系机制的研究。在这方面的典型成果有：空间拓扑关系的定量描述方法[176]、时空拓扑关系的描述与推理方法[177]、移动目标和非移动目标之间的扩展时空关系[178]。这些研究从不同角度讨论了二维空间下目标物的拓扑关系和方向关系，但此领域还缺乏对以下三个方面问题的研究：①没有系统的从点、线、面、体的角度来研究运动人体在场景中的时空关系；②缺乏对视频场景中运动人体在三维空间的方向关系的描述方法；③缺乏对视频序列中运动人体在时间轴上连续用自然语言进行描述空间拓扑关系和方向关系的方法。

　　针对以上三个问题，并为第 6 章的人体运动大尺度描述提供技术支持，本章提出一种通用型 13 元组运动人体时空描述模型，可以在二维至三维空间中，用自然语言描述运动人体的时空拓扑关系与方向关系。

5.2　13 元组运动人体时空描述模型的引入

　　运动人体在场景中的空间关系包括拓扑关系、方向关系和距离关系三个方面的内容。9 交模型[90] 被认为是经典的空间拓扑关系模型，其定义如下：A、B 为简单空间的两个几何对象，∂A、∂B 为 A、B 的边界，A^0、B^0 为 A、B 的内部，A^-、B^- 为 A、B 的外部，A 与 B 的空间拓扑关系表示为：

$$9I = \begin{bmatrix} A^0 \cap B^0 & A^0 \cap \partial B & A^0 \cap B^- \\ \partial A \cap B & \partial A \cap \partial B & \partial A \cap B^- \\ A^- \cap B^0 & A^- \cap \partial B & A^- \cap B^- \end{bmatrix} \quad (5-1)$$

其中的元素都用 0、1 表示空和非空两种取值。

　　当两个几何对象的拓扑关系为相离时，两个对象的空间关系的主要表现形式是方向关系。由于场景中的运动人体可以简化成一个点对象，二维空间中的方向关系可以用 MBR 模型[175] 来描述，该模型依据选定的参照物将二维空间划成九个区域，即东南、东北、西南、西北、东、南、西、北和自身，表示为：

$$R = \{N, S, E, W, NE, SE, SW, NW, O\} \qquad (5-2)$$

其中的元素也用 0、1 表示空和非空两种取值。以 9 交模型和 MBR 模型为基础，一种 13 元组运动人体时空描述模型被提出来，其定义如下：

$$R = \{\partial_1, \partial_2, \partial_3, \partial_4, \partial_5, \partial_6, \partial_7, \partial_8, \partial_9, T, M, P, F\} \quad (5-3)$$

其中，R 为运动人体与另一参照物的空间关系，F 为拓扑关系与方向关系转换标志，拓扑关系为内部时，$F = I$；拓扑关系为边界时，$F = B$；此时 $\{\partial_1, \partial_2, \cdots, \partial_9\}$ 与式（5-1）描述等价。当拓扑关系为外部时，$F = O$，当视角为俯视图时（作为初始参数进行选择），方向关系用二维空间表示，此时 $\{\partial_1, \partial_2, \cdots, \partial_8\}$ 与式（5-2）描述等价。$F = O$，当视角为正面一定角度时，方向关系用三维空间表示（作为初始参数进行选择），此时 $\{\partial_1, \partial_2, \cdots, \partial_9\}$ 的描述按三维坐标描述进行。T 代表时间，M 代表参照物编号，P 代表目标物编号。

5.3　关键帧的提取方法

不论是智能视频监控还是机器视觉领域，获取到的图像序列都是连续的，而连续的图像序列中有大量冗余信息，这些信息在描述运动人体时空关系式也是无价值的，为此需要对视频图像序列进行关键帧提取，进行时空关系描述的只针对关键帧进行描述。关键帧的提取方法不是本书的研究重点，本书采用了基于图像差分的关键帧检测技术[179]，其处理流程如图 5.1 所示。流程图中的"标准帧"取值为一段时间 t 内运动人体灰度图像灰度值的平均值。

```
┌─────────────────┐                    ┌─────────────────┐
│   第t帧图像      │                    │   第t+1帧图像    │
└─────────────────┘                    └─────────────────┘
         │                                      │
         ▼                                      ▼
┌─────────────┐      ┌─────────────┐      ┌─────────────┐
│  差分运算   │─────▶│   标准帧    │◀─────│  差分运算   │
└─────────────┘      └─────────────┘      └─────────────┘
                            │
                            ▼
                     ┌─────────────┐
                     │  滤波去噪   │
                     └─────────────┘
                            │
                            ▼
                  ┌───────────────────┐
                  │ 计算t, t+1帧与标准 │
                  │  帧的欧式距离值    │
                  └───────────────────┘
                            │
                            ▼
                  ┌───────────────────┐
                  │ 和预设的阀值比较   │
                  │ 后选取典型关键帧   │
                  └───────────────────┘
```

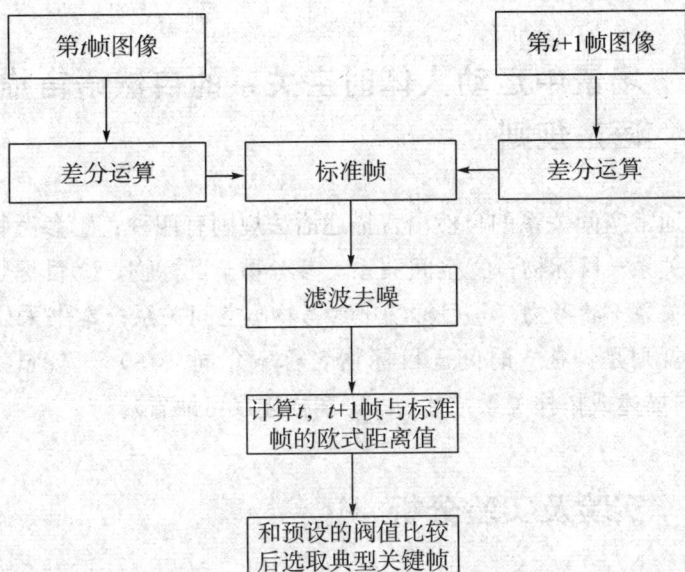

图 5.1　图像序列关键帧的获取流程

5.4　参照物与运动人体距离关系自然语言描述

将目标物与备选参照物之间的距离计算出来后与整体场景图像的对角线距离求比值，得到的比值 $\rho \in [0, 1]$。自然语言对距离的描述一般不会用精确的距离单位来描述，而是用远近进行定性的描述。如果降低概念的粒度，再进行细分，则可以有 4 个层次的距离描述，包括"很近 $\rho [0, 0.25)$，较近 $\rho [0.25, 0.5)$，较远 $\rho [0.5, 0.75)$，很远 $\rho (0.75, 1]$"。

5.5　场景中运动人体时空关系的自然语言描述语法规则

通常空间关系的自然语言描述语法规则有四种：①参考物＋空间关系＋目标物；②空间关系＋参考物＋目标物；③目标物＋空间关系＋参考物；④目标物＋参考物＋空间关系。本书采用的语法规则是：在＋时间＋目标物名称＋介词（在）＋参照物＋［方向描述或拓扑关系描述］＋距离描述（可缺省）。

5.6　实验及实验分析

5.6.1　实验流程设计

实验用 Matlab—R2009a 来实现，采用了 Matlab 中的一些现成的图形处理工具，软件的具体处理流程如图 5.2 所示。

5.6.2　人工图形序列实验

为了对三维空间运动人体时空关系的自然语言描述进行测试，项目团队设计了 30 秒的动画图像序列，经过关键帧提取后的关键帧图像如图 5.3 所示，用来测试运动人体对空间体的时空关系描述。13 元组的时空关系和相应的自然语言输出实验过程及结果如表 5.1 所示。

```
┌─────────────────┐
│  视频图像序列输入  │
└─────────────────┘
         │
         ▼
┌─────────────────┐
│  关键帧提取记录   │
└─────────────────┘
         │
         ▼
┌─────────────────────┐
│ 参照物与目标物距离计算 │
└─────────────────────┘
         │
         ▼
       拓扑位置?
  外部关系        内部和边缘
         │                │
         ▼                ▼
      观察角度?         拓扑关系判定
  顶部          正面
  正视          斜角
   │             │
   ▼             ▼
  二维         三维
  方向         方向
  关系         关系
  判定         判定
         │
         ▼
┌───────────────────────┐
│ 记录下13元组并用自然语  │
│ 言输出时空关系的描述    │
└───────────────────────┘
```

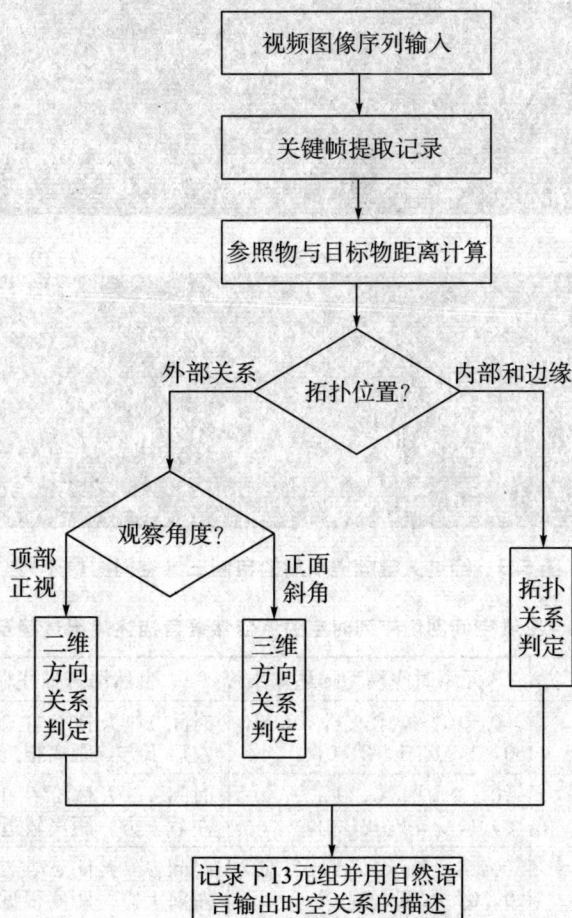

图 5. 2　实验软件处理流程图

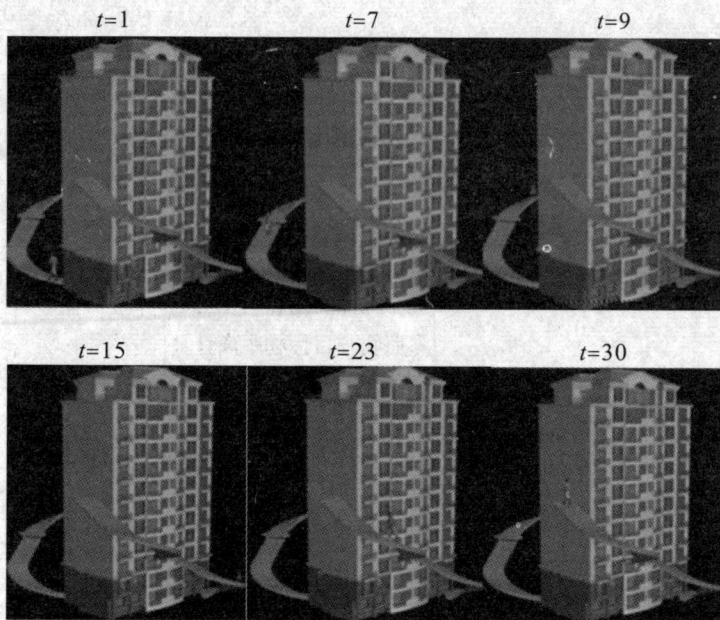

t=1 t=7 t=9

t=15 t=23 t=30

图 5.3　经过关键帧提取后的自制三维空间图像序列

表 5.1　三维空间图像序列时空关系自然语言描述输出过程及结果

时间	13 元组时空模型描述输出	自然语言描述输出
$t=1$	{0, 0, 0, 0, 1, 0, 0, 0, 1, 1, 1, 2, 0}	时间 1，人体 2 在 1 号楼的左后下方，距离很近
$t=7$	{0, 0, 0, 0, 1, 0, 0, 0, 1, 7, 1, 2, 0}	时间 7，人体 2 在 1 号楼的左后下方，距离较近
$t=9$	{0, 0, 0, 0, 1, 0, 0, 0, 0, 9, 1, 2, 0}	时间 9，人体 2 在 1 号楼的左前上方，距离很近
$t=15$	{0, 0, 0, 0, 1, 0, 0, 0, 0, 15, 1, 2, 0}	时间 15，人体 2 在 1 号楼的右前下方，距离较近
$t=23$	{0, 0, 0, 0, 1, 0, 0, 0, 0, 23, 1, 2, 0}	时间 23，人体 2 在 1 号楼的右后下方，距离较近
$t=30$	{0, 0, 0, 0, 1, 0, 0, 0, 0, 30, 1, 2, 0}	时间 30，人体 2 在 1 号楼的左后上方，距离很近

5.6.3 视频序列实验

视频序列的实验数据来源于中科院生物识别与安全技术研究中心[140]。经过关键帧提取[177]后的关键图像序列如图 5.4 和图 5.6。其中图 5.4 用于测试二维空间中运动人体点对面参照物的时空关系描述，实验测试结果如表 5.2。图 5.5 用于测试二维空间中运动人体点对点的时空关系描述，其测试结果如表 5.3。

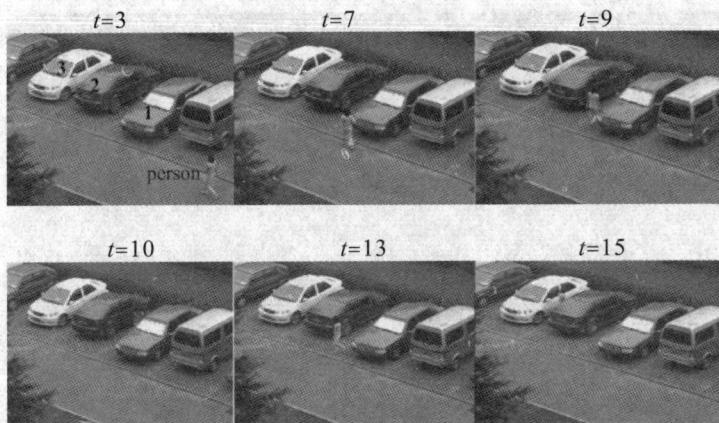

图 5.4　测试二维空间中运动人体点对面参照物关键帧图像序列

表 5.2　二维空间中运动人体点对面参照物空间关系自然语言描述输出结果

时间	13 元组时空模型描述输出	自然语言描述输出
$t=1$	{0, 0, 0, 0, 1, 0, 0, 0, 1, 3, 1, 2, 0}	时间 1，人体 2 在汽车东南方向，距离较近
$t=7$	{1, 0, 0, 0, 1, 0, 0, 0, 0, 7, 1, 2, 0}	时间 7，人体 2 在汽车的偏南方向，距离很近
$t=9$	{0, 0, 1, 0, 1, 0, 0, 0, 0, 9, 1, 2, B}	时间 9，人体 2 在汽车的偏南方向边缘

113

续表5.2

时间	13元组时空模型描述输出	自然语言描述输出
$t=10$	{0, 0, 1, 0, 1, 0, 0, 0, 0, 10, 1, 2, I}	时间10，人体2在汽车中间
$t=13$	{0, 0, 1, 0, 1, 0, 0, 0, 0, 13, 1, 2, B}	时间13，人体2在汽车的偏南方向边缘
$t=15$	{0, 0, 1, 0, 1, 0, 0, 0, 0, 10, 1, 2, I}	时间15，人体2在汽车中间

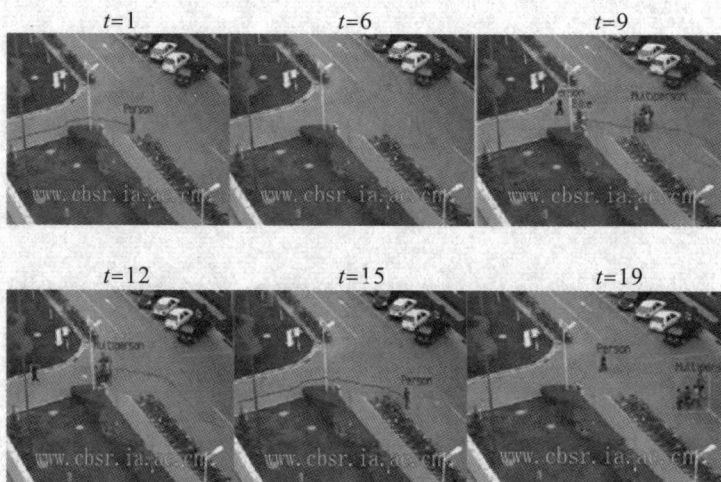

图 5.5 测试二维空间中运动人体点对点参照物关键帧图像序列

表 5.3 二维空间中运动人体点对点参照物空间关系自然语言描述输出结果

时间	13元组时空模型描述输出	自然语言描述输出
$t=1$	{0, 0, 0, 0, 0, 0, 0, 0, 0, 1, 1, 2, 0}	无输出
$t=7$	{0, 0, 0, 0, 1, 0, 0, 0, 0, 6, 1, 2, 0}	无输出
$t=9$	{0, 0, 0, 0, 1, 0, 0, 0, 0, 9, 1, 2, O}	时间9，人体1在人体1的东南方向，距离很近

续表5.3

时间	13 元组时空模型描述输出	自然语言描述输出
$t=12$	{0，0，0，0，1，0，0，0，0，12，1，2，B}	时间 12，人体 1 在人体 2 的旁边
$t=15$	{0，0，0，0，1，0，0，0，1，15，1，2，O}	时间 15，人体 1 在人体 2 的西北方向，距离很远
$t=19$	{0，0，0，0，1，0，0，0，1，19，1，2，O}	时间 19，人体 1 在人体 2 的西北方向，距离较近

5.7　本章结论

13 元组运动人体时空模型能够实现从二维到三维空间以点、线、面为参照物，对运动人体的方向、拓扑和距离关系进行自然语言描述。

将来的工作将致力于两个方面：①高清视频图像应采用更多元组来描述时空关系；②多角度采集的视频信息在时空关系描述中如何进行融合，以实现更精准的时空关系判定。

第6章　基于层次化概念空间的
运动人体行为语义计算方法

6.1　引言

　　按照人的认知和思维的过程来建立计算机系统从输入视频图像信息到输出自然语言是一个很有价值的技术研究方向，第1章中对运动人体行为语义计算概况已有介绍。Atsuhiro 等[117]较早研究了人的行为语义识别方法，通过对人的头部跟踪检测，实现对人体姿态和位置的估计，最后实现了对人体行为的自然语言描述。Atsuhiro 提出的方法仅实现了简单场景中人体简单运动的语义描述，运动的捕捉仅限于二维空间头部运动；Ryoo 与 Aggarwal[118]开发出了一种基于 CFG（Context-Free Grammar）模型的人体行为语义识别系统。该系统在二维空间中实现了对人体上下肢的运动捕捉和简单行为的语义描述；石跃祥[119]提出了一种二维运动人体语义描述刚体模型，将运动人体在二维欧氏空间中进行了简化，基于二维运动人体语义刚体模型，实现了运动人体的跟踪与识别，但并没有实现对人体运动的细节跟踪；Jia Liu[122]在其文章中提出了一种基于计算三维空间中人体关键点轨迹的描述算子实现行为语义识别，但没有实现对人体运动多尺度多层次的描述，而且识别算法对人体运动的时空逻辑规则考虑不足。总的来说，现有的语义计算方法主要存在四个问题：①缺乏对复杂行为的多尺度有效描述；②缺乏对复杂行为的高效识别和有效描述；③对行为识别的语义描述未融入场景语义和人物身份；④缺乏对复杂行为的层次化划分，算法识别框架识别速度有待提高。

　　概念空间是认知学中一种有效地将底层几何图像转换成高层语义的方法，楼建光[180]将其用在车辆行为语义识别与解释上，建立了视觉信息处理的技术框架，如图 6.1 所示。

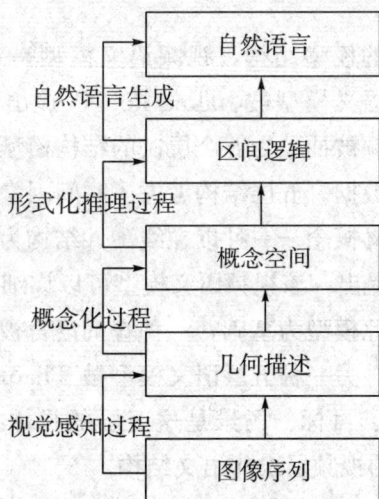

图 6.1　视觉信息语义处理框架

　　该技术框架根据人的思维方式，建立了从计算机视觉图像序列到自然语言的整个流程。整个处理流程分为视觉感知过程、概念化过程、形式化推理过程和自然语言生成四个环节。该技术框架在对车辆运动的语义计算中取得了成功，虽然其具有一定的普适性，但是也有较大改进和提升空间。

　　运动人体的行为语义计算远比车辆的语义计算复杂，同时受场景语义和人体身份等因素的影响，所以用图 6.1 的处理框架远不能满足运动人体行为语义的计算需求。与车辆运动相比，人的运动有着不同尺度的运动细节，包括反映人与环境以及与环境中实物之间关系的大尺度运动细节，与人的身体姿态相关的（如下蹲、弯腰等）中尺度运动细节，以及与肢体（上肢、下肢、头部）运动相关的小尺度运动特征。人的行为识别结果实际上受三个尺度的运动影响，以往的语义计算方法主要在某一尺度上来研究人的行为识别方法[1~3]。很明显，将三个尺度运动结合在一起，融合到图 6.1 的处理框架中，对人体行为识别率的提高将是大有帮助的。

语义是抽象的模型结构，视频语义模型是对视频信息的抽象。五元组视频语义模型被 Jialing koh[181] 提出，用来描述视频的抽象结构，视频被抽象为五个层次的结构模型，包括三层原始数据和两层语义数据。五层结构考虑了时间因素，可以比较完整地描述视频的语义概念。一种以在线事件结构为基础的视频语义模型被 Lilac[182] 提出，该视频语义模型可以详细地描述视频事件的各种解释。以此模型为基础，一种查询语言被提出用于用户对在线视频的查询。另一种五层语义模型被 Thanthry[183] 提出，区域、感知、部件、目标、场景是这五层的具体描述和表达。图 6.2 是一个典型的视频层次化语义结构。

视频语义模型的优点在于将视频信息进行了层次化描述，这和人的认知规律是相符合的。人的认知规律有不同的抽象层次，人类对人的行为认知从人的运动规律本身开始，到简单行为概念的产生，再到对行为的整体系统认识，是一个由简单到复杂、由底层到高层的认知过程，这是人类的认知规律。将这种认知规律移植到运动人体行为语义计算框架中，实现对人的行为的分层次描述，对解决人的行为语义计算有着重要的意义。

白色，圆形	底层语义
物体=足球	物体语义
位置关系	空间语义
球场	情景语义
足球赛	事件语义
兴奋，沮丧	情感语义

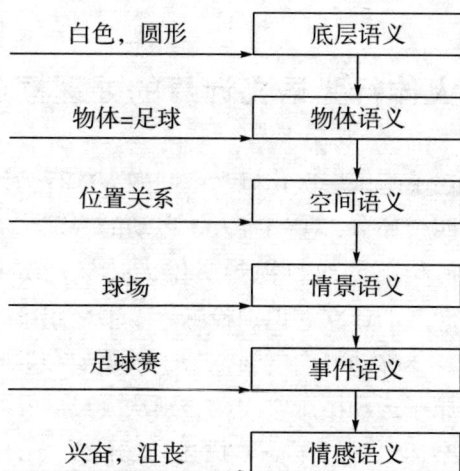

图 6.2　典型视频语义模型

　　概念空间是认知学中一种有效地将底层几何图像转换成高层语义的方法，楼建光[180]将其用在车辆行为语义识别与解释上，刘炳尧等[184]将其用在机器人的目标识别上。本章结合了视觉信息处理框架和视频语义模型的各自优点，以概念空间为基础，提出了基于层次化概念的运动人体行为语义计算方法。与以往的研究相比，本书有以下几点贡献：①将复杂的运动分解为原子运动概念层、简单行为概念层和事件行为概念层。通过层次化的处理，实现了对复杂运动语义的有效描述，提高了算法框架识别速度。②建立了原子运动的概念空间，包括大尺度身体移动、中尺度姿态和小尺度肢体的原子运动概念，实现了对人体运动的多尺度描述。③基于概念激活函数实现了原子运动的识别，基于时间和空间逻辑规则实现简单行为语义的识别，基于七元组语义模型实现融入场景敏感度、人物身份和人体运动的事件行为语义的整体的抽象描述。

6.2　运动人体行为语义计算的处理框架的引入

　　图 6.3 描述了基于层次化概念空间的人体行为计算的处理流程，主要包括四个环节：①三维人体运动的跟踪。本书采用了第 2 章粒子滤波框架下的双目视频三维人体运动并行跟踪方法。②原了运动概念层的建立和识别检测。本书采用第 5 章的方法建立了大尺度的身体移动概念空间，基于云模型和贝叶斯网建立了姿态和肢体的原子运动概念空间，分别从大尺度、中尺度和小尺度对人体的复杂运动进行了完整描述。③简单行为建模与识别。本书基于时空逻辑规则建立了简单行为的模型，实现了简单行为的识别。④事件行为的建模与识别。本书建立了七元组事件行为模型，实现了事件的识别与描述。

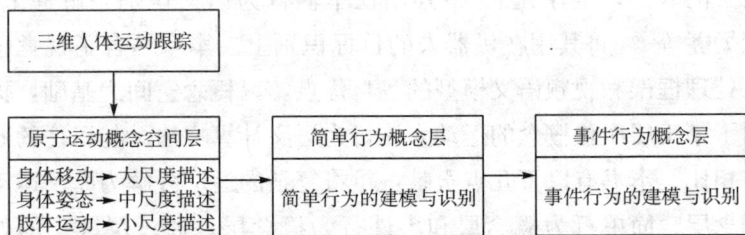

图 6.3　基于层次化概念空间的人体行为识别流程

　　为了界定复杂行为和简单行为，现给出行为复杂度的定义。设具有交互的运动人体目标个数为 n，定义变量公式：

$$\kappa = \sum_{i=1}^{16} X_i \{ if [J_t^i(x_i, y_i, z_i) = J_{t+1}^i(x_i, y_i, z_i)], X_i = 0, \text{else}, X_i = 1) \}$$

为时间 T 内关节点三维空间位置累计变化值，则行为复杂度为 $\text{complexity} = \dfrac{n \times \kappa}{T}$，此变量值与预设阈值比较后可以区分原子行为、简单行为和复杂行为。

6.3　基于混合云模型的概念空间建立方法

6.3.1　概念空间理论概述

认知学认为，概念是人类思维的最小细胞单元。人们对事物的认识首先是对该事物建立一个概念，然后将概念组成短句，短句组成语言，最后形成对一个事件的完整描述，用于推理和交流。

刘宗田[185]在其书中指出，形式概念分析（Formal Concept Analysis）于 1982 年被德国数学家 Wille 提出，在他的理论中，概念被表达为形式背景的二维数据表。苗夺谦[186]在其专著中指出，Zadeh 提出了粒计算理论来描述概念并获得了广泛的应用。

郭佳宏[187]在其书中提出，加登佛斯（Gardenfors）概念空间模型是一种基于几何形式建立的概念模型，被证明是一种严谨可靠的方法，并且适合用视觉信息来建立。加登佛斯的概念空间用一个或多个质维（Quality Dimensions）来描述，质维的特征用来表示目标物的各种性质。比如，人具有身高、体重、肤色、年龄等属性。每一种质维可以表征成某种几何结构，例如时间表征的几何结构如图 6.4 所示。

过去　　　　　　　　　　现在　　　　　　　　　　将来

图 6.4　时间维度

6.3.2　基于混合云模型概念空间的定义

加登佛斯的概念空间模型具有一定普适性，但缺少形式化的表达。王晓峰[188]基于云模型对加登佛斯的概念空间进行了形式化的表达。本书沿用其思路并进行了扩展，基于混合云模型建立了原子运动中的身体姿态概念空间。

李德毅[154]在其专著中给出了云模型的定义：设 U 是用数值表示的定量论域，C 是论域 U 上的定性概念，设定量值 $x \in U$，x 是 C 的一次随机实现，x 是 C 的确定度，且有 $\mu(x) \in [0, 1]$，具体表示为一个随机数。当 $\mu: U \in [0, 1] \; \forall x \in U$ 且 $x \rightarrow \mu(x)$，则 x 在 U 上的分布称为云，x 称为云滴。

云的三个数字特征：期望值 Ex（概念的原型值），熵 En（概念不确定程度的度量），超熵 He（熵的不确定程度的度量，即熵的熵）。

设 D 是概念空间的一个质维，域 Δ 是某一类维的集合，用 $\{D_1, D_2, \cdots, D_m\}$ 表示。p_{ij} 是 D_i 维上的第 j 个属性，是以 Ex，En，He 为参数的正态云的一个云滴。Ex，En，He 的计算方法如下：

设有 N 个对象，其属性值为 x_i，每个值就是一个云滴。

输入：N 个云滴 x_i。

输出：N 个云滴表示的定性属性期望 Ex，熵 En，超熵 He。

(1) 样本均值 $\overline{X} = (1/n) \sum\limits_{i=1}^{n} x_i$；

(2) 一阶样本绝对中心矩 $(1/n) \sum\limits_{i=1}^{n} |x_i - \overline{X}|$；

(3) 样本方差 $S^2 = 1/(n-1) \sum\limits_{i=1}^{n} (X_i - \overline{X})^2$；

(4) 则 $Ex = \overline{X}$；$En = \sqrt{\pi/2} \times 1/n \sum\limits_{i=1}^{n} |x_i - Ex|$；$He = $

$\sqrt{S^2 - En^2}$。

p_{ij} 用（x_i，y_i）的集合来表示，x_i 是 D 的某属性值，y_i 是属性取值 x_i 的确定度，$y_i \in [0, 1]$。比如，在人的速度属性维中，x_i 为 8，y_i 为 1，表示为"速度（8，1）"，即速度 8 米/秒，100% 属于速度维中的奔跑。

概念 C 用二元组（P，R）表示，$P = \{P_{11}, P_{12}, \cdots, P_{mm}\}$，$R = \{R_{11}, R_{12}, \cdots, R_{mm}\}$。$P_{ij}$ 是属性，R_{ij} 是属性之间的联系。R 由人的知识经验确定，可以为空。具有较大关联度的全体概念构成了某一类的概念空间。

概念激活规则：

（1）正态云的 $3Ex$ 法则：影响概念的性质维参数几乎全部落在 $[Ex-3En, Ex+3En]$ 的范围内，在此外的云滴事件为小概率，对概念的整体性判断没有影响。

（2）设 C_1，C_2 是两个概念，认定某个概念产生的概念激活函数表示为：

$$S(C_1, C_2) = \sqrt{\sum_{k=1}^{n} \omega_k (Ex_{1k} - Ex_{2k})^2} \qquad (6-1)$$

其中 ω_k 是某属性 k 的权值，可以是静态的，也可以动态调整。Ex_{1k}，Ex_{2k} 是概念 C_1，C_2 的 k 个属性的期望。从公式可以明显看出，S（C_1，C_2）越小，两个概念的相近度越大，概念的激活可能性越大，在实际运用中，需要根据需要设定概念相近度的阈值初始参数。

6.3.3　混合云模型概念空间的建立流程

图 6.5 描述了从原始视频图像信息到概念空间的建立过程，可以依据此流程，并依照图 6.6 描述的概念空间建立和概念激活算法来建立身体姿态的原子运动概念空间。

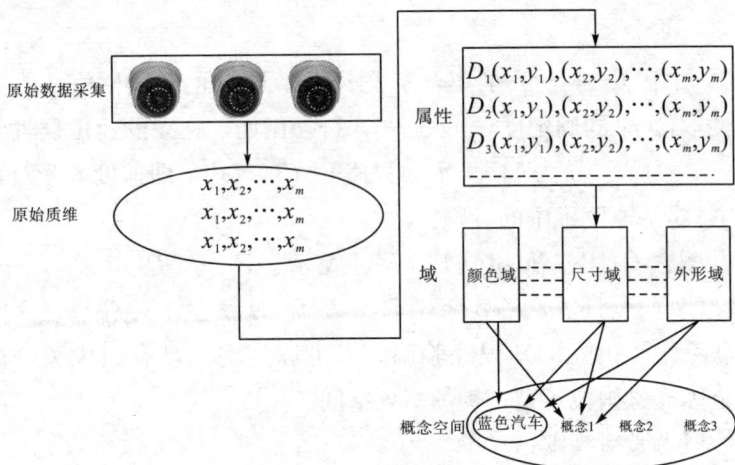

图 6.5　混合云模型概念空间的建立方法框架流程

　　图 6.6 所列的算法是静态的概念空间建立算法，属性的权值都取 $1/n$，并且保持不变，这不符合真实的自然规律和社会规律。图 6.7 给出了权值的调整过程，通过动态调整，得到某概念空间属性的权值的合理分布。

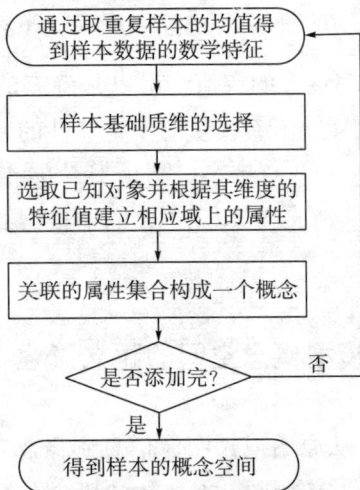

图 6.6　概念空间的建立

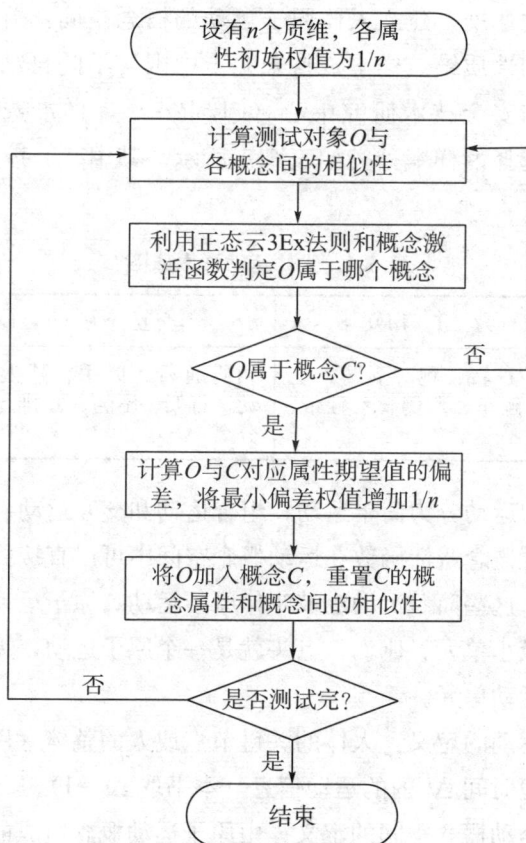

图 6.7　属性权值的调整算法

6.4　原子运动概念空间层的建立方法

6.4.1　人体运动样本的选择

根据第 2 章提供的方法，可以实现三维空间下运动人体关键节点的检测与跟踪，并得到关键节点对于根关节的位置变化值以及变化速度。建立人体原子运动的概念空间，首先选择样本和运动的性质维。样本资料来源于中国科学院自动化研究所生物识别与安全技术研究中心（CBSR）[140]，样本选择依据同第 2 章。选择的样本种类如表 6.1 所示。其中，T 指正视，LD 指俯视。

表 6.1　人体运动样本选择

单人行为（T，LD）	交互行为（T，LD）
走、左转、右转、跑、下蹲、上坡、弯腰、砸车、晕倒、系鞋带、跳跃、徘徊	相遇通行、握手、赶上超过、抢劫、打架、尾随、并排行走、相遇分离

人类的运动分为简单运动、组合运动和交互运动。简单运动是直接通过概念激活函数在运动概念空间中可以直接找到对应概念的运动。这些简单运动也被叫作原子运动，原子运动是复杂运动组成的最小单元。比如，点头就是一个原子运动，无法再分解成更小的运动单元。

原子运动的定义：人体的关键节点或人的整体（用根关节代表）在很短时间 Δt 内的运动信息（本书取 $\Delta t = 1$）。

原子运动概念空间的定义：由原子运动概念组成的概念空间就叫作原子运动概念空间。

就人体的原子运动来说，有人的整个身体的原子运动，也有身体姿态的原子运动，还有肢体的原子运动。整个人的身体的原子运动轨迹可以把人看成是一个刚体，一个点目标，在第 5 章已经介绍了方法。现介绍身体姿态和肢体原子运动概念空间的建立方法。

原子运动概念包括一元、二元和多元的情况。一元原子运动指一个运动目标，比如身体姿态原子运动概念中的走（walk）、跑（run）、左转（turn left）、右转（turn right）等。二元原子运动指两个运动目标，多元运动可以由二元运动进行组合，不在这里做详细阐述。

6.4.2 运动概念空间建立性质维的选择

运动概念空间的建立性质维的选择如表 6.2 所示。表中总共列举了 7 个性质维，由于选择的视频图像样本有正面观察和俯视观察两个角度，所以可以同时得到平面信息和深度信息。在具体的某一个运动概念空间建立时，可以根据需要在这 7 个性质维中进行选取。

表 6.2 人体运动概念空间的性质维

编号	性质维	解释
1	人体关节点对根关节 J1 的欧拉变化角度 $(\alpha_i, \beta_i, \gamma_i)$	$(\alpha_i, \beta_i, \gamma_i) \in [\theta, 360^0]$
2	人体关节点对根关节 J1 的三维坐 (x_i, y_i, z_i)	各关节点在局部坐标中的坐标值
3	人体目标朝向 θ	$\theta \in [0, 360^0]$
4	J1 平面方向速度 v_p	J1 在观测面 Δt 的平均速率，$[0, \infty)$，单位：米/秒
5	J1 深度方向速度 v_q	J1 在观测面 Δt 的平均速率，$[0, \infty)$，单位：米/秒
6	根关节 J1 的高度 h	J1 对地平面的高度 $[0, 1.5)$，单位：米
7	人体位置 (x, y, z)	J1 在观测面的位置

6.4.3 身体姿态原子运动概念空间的建立及概念激活方法

身体姿态原子概念空间建立采用 6.3 节提供的方法来实现，现在举例说明一元身体姿态原子运动概念空间的建立过程和结果。

设"走（walk）"是一个概念，设为 C_1，性质维参数取为四个维度（v_p，v_q，θ，h），则属性 $P_{11} = (Ex_{11}，En_{11}，He_{11})$，$P_{12} = (Ex_{12}，En_{12}，He_{12})$，$P_{13} = (Ex_{13}，En_{13}，He_{13})$，$P_{14} = (Ex_{14}，En_{14}，He_{14})$。其中四个（$Ex$，$En$，$He$）分别代表四个性质维（$v_p$，$v_q$，$\theta$，$h$）的期望、熵和超熵，则概念 $C_1 = (P_{11}，P_{12}，P_{13}，P_{14})$。

概念 C_2"跑（run）"的性质也取为四个维度（v_p，v_q，θ，h），概念 C_3"左转（turn left）"，C_4"右转（turn left）"性质取四个维度（v_p，v_q，θ，h）。

依次类推，可以选择其余身体姿态原子概念下蹲、上坡、弯腰、跳跃等的性质维参数。

袁河洋[189]在其书中给出了视频中车辆速度的检测方法，参照其原理，本书实现了人体运动速度的计算，以"走""跑""左转""右转"为例，每个运动选择 10 个样本，提取各维度的运动参数（由于数据量较大，未进行一一列举，表 6.3 列举了"走"的运动参数，表 6.4 列举了"跑"的运动参数，表 6.5 列举了"左转"的运动参数），计算每个性质维的期望、熵和超熵。在获取到样本的性质维参数后，按照 6.3 节提供的方法基于云模型计算各概念的属性值，由此建立了相对应的概念空间。表 6.6 罗列了身体姿态原子运动概念空间的部分数据。

表 6.3　概念"走"的性质维参数提取

运动概念	性质维参数（参数描述见表 6.2）			
走	v_p	v_q	θ	h
样本 1	1.8	0	177	1.00
样本 2	1.5	0	184	1.08
样本 3	2.4	0	183	1.05
样本 4	2.2	0	180	1.04
样本 5	2.0	0	179	1.02
样本 6	1.9	0	177	1.01
样本 7	1.7	0	176	1.09
样本 8	1.6	0	184	1.08
样本 9	1.5	0	183	1.06
样本 10	2.3	0	181	1.05

表 6.4　概念"跑"的性质维参数提取

运动概念	性质维参数（参数描述见表 6.2）			
跑	v_p	v_q	θ	h
样本 1	4.5	0	181	1.16
样本 2	5.2	0	178	1.13
样本 3	5.0	0	176	1.12
样本 4	4.8	0	184	1.10
样本 5	4.6	0	183	1.18
样本 6	4.5	0	181	1.17
样本 7	5.3	0	180	1.15
样本 8	5.2	0	178	1.14
样本 9	5.0	0	176	1.12
样本 10	4.9	0	175	1.11

表 6.5　概念"左转"的性质维参数提取

运动概念	性质维参数（参数描述见表 6.2）			
左转	v_p	v_q	θ	h
样本 1	1.7	2.0	86	1.13
样本 2	2.3	1.7	93	1.16
样本 3	2.0	1.6	90	1.15
样木 4	1.8	1.4	88	1.10
样本 5	1.6	1.2	87	1.17
样本 6	2.4	2.1	85	1.11
样本 7	2.2	2.0	93	1.19
样本 8	2.0	1.8	91	1.12
样本 9	1.8	1.7	89	1.12
样本 10	1.6	1.9	88	1.13

表 6.6　身体姿态原子运动概念空间部分属性数据

概念 \ 属性	$P_{11} = (Ex_{11}, En_{11}, He_{11})$			$P_{12} = (Ex_{12}, En_{12}, He_{12})$			$P_{13} = (Ex_{13}, En_{13}, He_{13})$			$P_{14} = (Ex_{14}, En_{14}, He_{14})$		
"走" C_1	1.89	0.015	0.001	0	0	0	180	1.7	0.1	1.04	0.017	0.005
"跑" C_2	4.90	0.026	0.003	0	0	0	179	1.3	0.5	1.13	0.013	0.007
"左转" C_3	1.94	0.017	0.005	1.74	0.011	0.002	89	1.5	0.3	1.10	0.018	0.004
"右转" C_4	2.10	0.013	0.002	1.35	0.013	0.004	277	1.9	0.3	1.16	0.017	0.003

6.4.4　肢体的原子运动概念空间的建立及概念激活方法

　　身体姿态是对人体运动的中尺度描述，人的肢体的运动则是从小尺度来研究人的运动情况，包括头部、上肢和下肢的运动。本书将引入贝叶斯网来建立肢体的原子运动概念空间。下面简单介绍一下贝叶斯网的基本原理。

（1）静态贝叶斯网的基本原理[190]。

贝叶斯网的理论基础是贝叶斯公式：

$$p(x/y) = \frac{p(y/x)p(x)}{p(y)} \tag{6-2}$$

其中，$p(x)$ 是假设条件 x 的先验概率，$p(y)$ 是观察数据 y 的先验概率，$p(x/y)$ 表示给定数据 y 时 x 成立的概率，$p(y/x)$ 表示假设 x 成立为条件时观测到 y 的概率。

静态贝叶斯网是一个有向无环图，静态贝叶斯网的节点表示变量或事件，弧代表变量或时间之间的概率关系或因果关系。原理如图 6.8 所示。节点表示变量，边表示节点之间的有向因果联系，边的权值代表连接的条件概率。

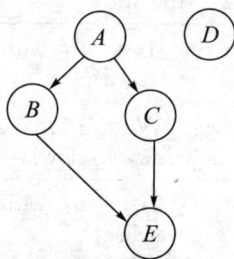

图 6.8 静态贝叶斯网示意图

静态贝叶斯网的边的权值由式（6-3）计算，其中 Pa_i 是 X_i 的父节点：

$$P(x) = \prod_{i=1}^{n} P(X_i/Pa_i) \tag{6-3}$$

（2）基于静态贝叶斯网建立肢体原子运动概念空间。

借鉴文献［118］的二维空间的贝叶斯网建立思路并在三维空间进行扩展，将头、上半身、下半身的肢体分别建立贝叶斯网。贝叶斯网的父节点分别表示头、上半身和下半身的姿势，子节点是选择的性质维参数，在对应的表格中都有详细的描述。图6.11是下半身肢体的贝叶斯因果图，表6.7、6.8、6.9、6.10是了各节点的解释，图6.9是头部肢体的静态贝叶斯图，图6.10为上半身肢体的贝叶斯因果图。其中H8和H9的建立方法和身体姿态原子运动概念空间的建立方法相同。头部肢体除了描述头本身的动作外，还用来描述整个身体的朝向。

表 6.7 静态贝叶斯网各节点符号取值及含义

节点符号及含义	肢体原子运动概念解释和取值（数字代表取值，英文是动作单词）
H1（头部节点）	Head = {0：front, 1：left, 2：right, 3：rear}
H2（手臂垂直方向）	Arm _ V = {0：high, 1：mid − high, 2：mid−low, 3：low}
H3（手臂水平方向）	Arm _ H = {0：withdrawn, 1：intermediate, 2：stretched}
H4（手臂深度方向）	Arm _ D = {0：withdrawn, 1：intermediate, 2：stretched}
H5（下肢垂直方向）	Leg _ V = {0：high, 1：mid − high, 2：mid−low, 3：low}
H6（下肢水平方向）	Leg _ H = {0：withdrawn, 1：intermediate, 2：stretched}
H7（下肢深度方向）	Leg _ D = {0：withdrawn, 1：intermediate, 2：stretched}
H8（手关节点运动速度）	Hand _ V = (0：stop, 1：slow；2：normal；3：fast)
H9（脚关节点运动速度）	Foot _ V = (0：stop, 1：slow；2：normal；3：fast)

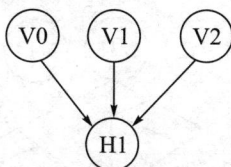

图 6.9　头部肢体静态贝叶斯网因果图

表 6.8　头部肢体概念性质维参数选取

节点符号	节点概念性质维取值
V0	头部与 x 轴的欧拉旋转角
V1	头部与 y 轴的欧拉旋转角
V2	头部与 z 轴的欧拉旋转角

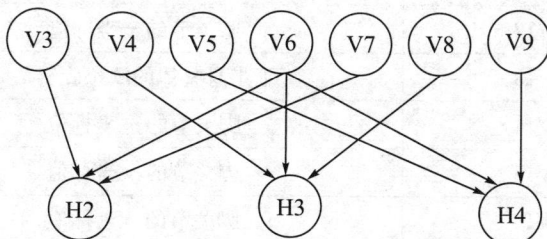

图 6.10　上半身肢体静态贝叶斯网因果图

表 6.9　上半身肢体概念性质维参数选取

节点符号	节点概念性质维取值
V3	肘关节的 x 坐标值
V4	肘关节的 y 坐标值
V5	肘关节的 z 坐标值
V6	上半身整体的欧拉旋转角
V7	手关节的 x 坐标值
V8	手关节的 y 坐标值
V9	手关节的 z 坐标值

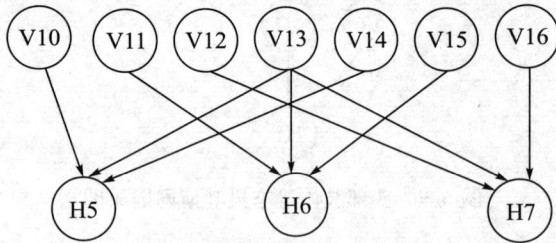

图 6.11 下半身肢体静态贝叶斯网因果图

表 6.10 下半身肢体概念性质维参数选取

节点符号	节点概念性质维取值
V10	膝关节的 x 坐标值
V11	膝关节的 y 坐标值
V12	膝关节的 z 坐标值
V13	下半身整体的欧拉旋转角
V14	脚关节的 x 坐标值
V15	脚关节的 y 坐标值
V16	脚关节的 z 坐标值

（3）肢体原子运动概念空间及概念激活函数的建立。

在建立好各节点将具有依赖关系的网络结构后，用文献[191]提供的方法进行贝叶斯网的参数学习，从而得到完备的各肢体的贝叶斯网。要得到各个肢体节点的具体取值，需要对静态贝叶网络进行推理，采用证据相关法进行推理识别[192]，从输入的性质维参数，得到输出的各肢体的状态，从而得到基于贝叶斯网的肢体原子运动概念的激活函数，具体表述为式（6-4）。

$$P(x/e) = P(x/e^F)$$

$$= \sum_{all,i,j,k}^{n} P(x/F_{1i}, F_{2i}, \cdots, F_{|F|k}) \quad (6-4)$$

式（6-4）中，F_{mn} 为父节点 F_m 处于状态 n 的值，$|F|$ 表

示父节点集合中的个数。

在肢体原子运动概念中还需要建立手脚节点运动速度，Hand_V=（0：stop；1：slow；2：normal；3：fast），Foot_V=（0：stop；1：slow；2：normal；3：fast），其建立方法和身体姿态建立方法一致。

6.5　简单行为概念层的建立方法

6.5.1　时间逻辑关系的引入

各种层次的行为出现，都是以原子运动为基础在时间轴上的各种排列。为此引入时间隔代函数来描述时间逻辑关系，时间隔代函数认为，人类认知的世界都能由一个或多个闭合的时间间隔在一个统一的时间框架中描述出来。图 6.12 描述了本书采用的时间逻辑关系[193]。

Allen[193]的时间逻辑关系中，定义了七种时间逻辑关系："before（在前面）""meet（相遇）""overlaps（重叠）""starts（开始）""during（在中间）""finishes（完成）""equal（相等）"。每个逻辑关系采用两个时间间隔作为参数来推理，判断逻辑关系为真或为假。设 A，B 为两个时间间隔，用（A_{start}，A_{end}），（B_{start}，B_{end}）来表示，则有以下关系：

A在B前 $\dfrac{A}{B}$ A在B前的逆 $\dfrac{A}{B}$

A遇B $\dfrac{A}{B}$ A遇B的逆 $\dfrac{A}{B}$

A开始B A开始B的逆

A完成B A完成B的逆

A重叠B A重叠B的逆

A在B中 A在B中的逆

A等于B

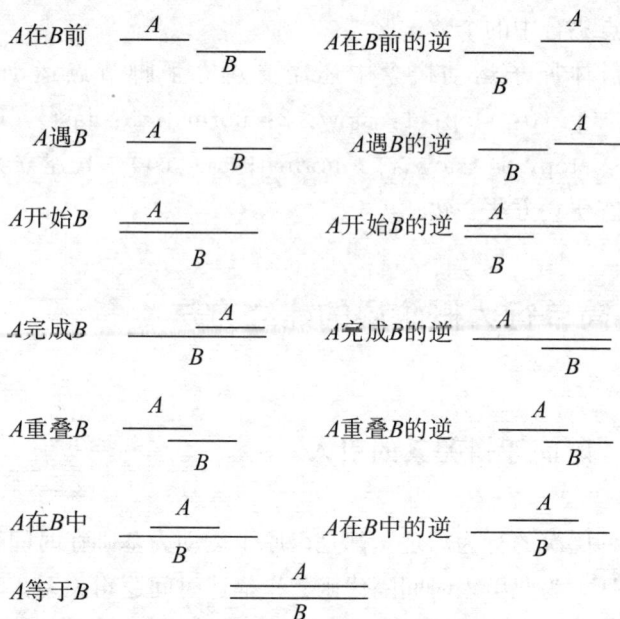

图 6.12　两个时间间隔的时间逻辑关系

$$\text{before}(A,B) <=> A_{\text{end}} < B_{\text{start}}$$

$$\text{meet}(A,B) <=> A_{\text{end}} = B_{\text{start}}$$

$$\text{overlaps}(A,B) <=> A_{\text{start}} < B_{\text{start}} < B_{\text{end}}$$

$$\text{starts}(A,B) <=> A_{\text{start}} = B_{\text{start}}(AND)A_{\text{end}} < B_{\text{end}}$$

$$\text{during}(A,B) <=> A_{\text{start}} > B_{\text{start}}(AND)A_{\text{end}} < B_{\text{end}}$$

$$\text{finishs}(A,B) <=> A_{\text{end}} = B_{\text{end}}(AND)A_{\text{start}} > B_{\text{start}}$$

$$\text{equal}(A,B) <=> A_{\text{start}} = B_{\text{start}}(AND)A_{\text{end}} = B_{\text{end}}$$

$$(6-5)$$

时间线 L（timeline）的定义：简单行为是多个原子运动在多个时间间隔的排列，多个时间间隔的并集构成时间轴线 L，时间线的开始记为 LOW（L），时间线的结束记为 HIGH（L）。

6.5.2　空间逻辑关系的引入

行为的发生与否也受空间约束关系的影响，对于运动人体之间的关系，本书定义了两种空间关系，附近（near）和接触（touch），其约束规则如下：

$$near(person\_i, object\_j) <=> (distance) < Th\_1$$
$$touch(person\_i, object\_j) <=> (overlap\_ratio) > Th\_2$$

其中，distance 是 person_i，object_j 之间的距离，overlap_ratio 是两者之间的重合率，Th_1 和 Th_2 是对应的阈值。

6.5.3　简单行为的建模方法

在建立原子运动概念空间组后，人体的运动行为则是在原子运动概念空间上的发展和进化。以原子运动为基础，下面给出简单行为的定义。

简单行为的定义：在一定语义情境下，在一个小的时间段上，原子运动排成的不同序列。

下面举一个例子来阐述行为的定义和时间轴的关系。设 C_1，C_2，C_3 为三个原子运动概念"伸手""保持""抽手"的概念简写，(m, n, l) 是对应概念的时间间隔，而行为概念"握手"则是这三个原子运动概念在时间轴上的排序，如图 6.13 所示。

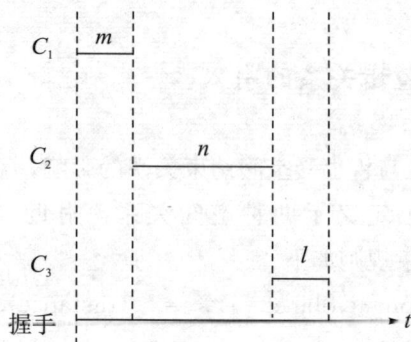

图 6.13 握手行为的时间组合关系

语义能实现对行为的描述，一个简单行为的构成要素包括：行为主体（A），行为目标（O），行为动词（H），行为的时间约束关系（T）和空间约束关系（S）。行为的主体及人很容易确定，场景中的其他物体名称或类别用前面章节的方法也很容易确定。

在人类的语言学中，谓词是用来描述客观物体的性质、特征或相互之间的关系的词项。比如，汉语中的动词和形容词就是谓词。本书用谓词来表示原子运动概念与时间 t 的约束关系和发生概念的一种模型。

谓词 H 的定义：C 是一个原子运动概念，H（C，t）是 C 在时间段 t 的谓词。C 在 t 内持续被激活时，H（C，t）为真；持续不被激活时，H（C，t）为假。

时间约束关系 T 的定义：前面已经介绍，时间间隔有 before（在前面）" "meet（相遇）" "overlaps（重叠）" "starts（开始）" "during（在中间）" "finishes（完成）" "equal（相等）" 七种约束关系，具体到某一个简单行为，其约束关系可能是七种关系中之一或全部。还是以两人握手为例子来说明简单行为中的时间约束关系，图 6.14 描述了简单行为"握手"肢体的时间约束关系。

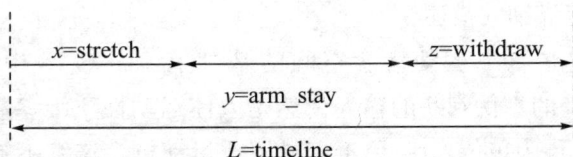

图 6.14　简单行为"握手"的时间约束关系

图 6.14 的简单行为"握手"的时间约束关系为，meets $(x，y)$，meets $(y，z)$，starts $(x，L)$ 和 finish $(z，L)$。x，y，z 是原子运动 strentch，arm _ stay，withdraw 的时间间隔，L 是 x、y、z 并集构成的时间线。

在定义了原子运动概念 C、谓词 H、时间约束关系 T、空间约束关系 S 后，简单行为可以用 $(A，O，C，H，T，S，N，M)$ 来进行公式化表示。

6.6　简单人体运动行为语义计算方法

6.6.1　简单人体运动行为知识库的建立方法

简单人体运动行为的语义计算方法包括两个过程：①利用样本，通过人机交互的方式建立简单人体运动行为的知识库；②输入测试视频的运动性质维参数，对原子运动进行激活检测，推理得到空间约束关系和时间约束关系，将这两组参数与简单人体运动知识库中的空间约束规则和时间约束规则比对，从而识别出简单的行为。

简单人体运动行为知识库的建立如图 6.15 所示，训练样本的性质维参数提取方法在第 2 章的人体运动跟踪中已经介绍，具体取值见表 6.2。图中谓词 $H(C_i, t_i)$ 的真伪判断方法在图 6.16 中有详细的描述。

在建立原子运动概念空间的基础上，图 6.16 中谓词 H (C_i, t_i) 的真伪判断的输入依然是人体运动性质维参数，时间的累加以秒为单位，t_{flag} 用于记录原子运动概念连续不被激活的时间，当 $t_{flag}>$ 预设阈值 threshold 时，表明此原子运动概念激活已经结束。

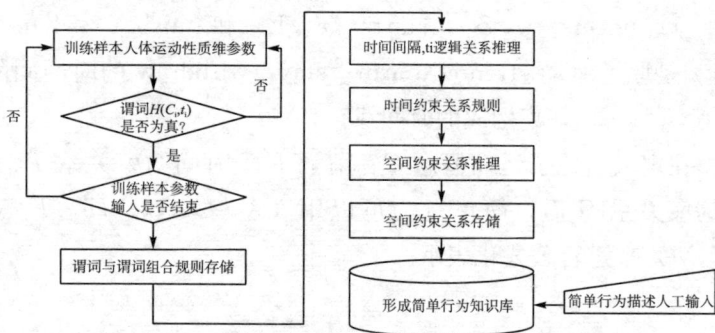

图 6.15　运动人体简单行为知识库的建立流程

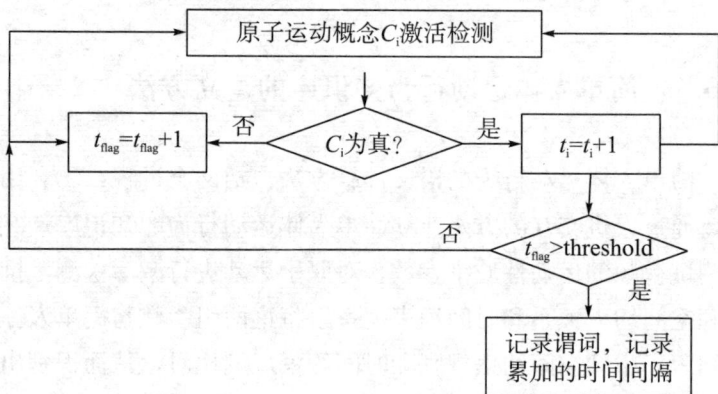

图 6.16　谓词 $H(C_i, t_i)$ 的真伪判断方法流程

6.6.2　简单行为语义计算流程

　　这里的行为语义计算包括谓词检测、谓词的逻辑运算、时间间隔的叠加运算与逻辑运算、空间关系的运算。将计算的谓词逻辑组合，时间间隔逻辑约束关系以及空间约束关系与简单行为知识库中相对应的逻辑关系进行比对判断，从而得到运动人体简单行为的输出表示模型 (A, O, C, H, T, S, N, M)。简单行为语义计算流程的具体实现如图 6.17 所示。

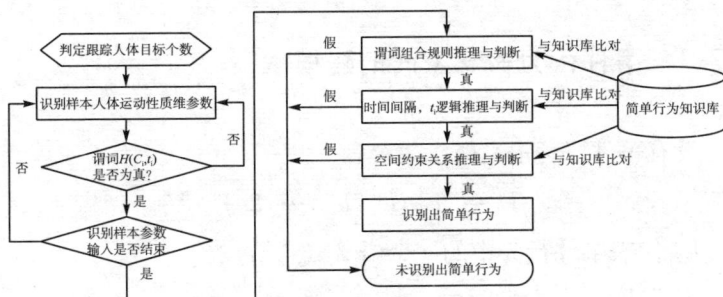

图 6.17　简单行为语义的计算流程

6.7　事件行为概念层的建立与语义计算方法

　　事件行为定义：两个以上的运动人体，在特定的语义场景中，在特定的空间位置布局下，在一个时间段中，简单行为在因果逻辑和时间关系中排成的不同序列。

　　上面 6.6 节得到的是一个简单行为的语义计算方法，而随着人的增多，或者多个简单行为的叠加，则会有更复杂的行为出现，这种情况下，人的思维方式或进行概念跃迁，用事件行为来进行描述。比如，单个人的"跑""跳""行走"，两个人的"赶上超过"都可以算是一个简单行为,而两个人打架则是一个复杂行为或者说是一个事件行为,而多人打架则叫打群架,概念的粒度更高,事件的级别也更高。这些都受人的社会知识和先验知识影响。为此,有必要研究事件行为语义的描述方法。"时间""地点""人物""起因""经过""结果"是新闻学对一个事件提出的六个要素,这六个要素已经可以比较完整地把一件事情描述清楚。本书考虑了层次化语义模型设计和层次化概念空间要求,借鉴了新闻的六要素的提取,加入了人体移动大尺度空间轨迹描述,从而构成了事件语义概念的七元组表示方法。

6.7.1 事件行为概念空间的建模

设有事件行为语义概念集合:
$$L = \{L_0, L_1, L_2, \cdots, L_i\}$$
L_i 代表事件行为中的一个语义概念节点。

定义1:
$$L_i = \{U, V/N, W/M, X/O, Y/P, Z/Q, D\}$$
其中,$U = \{T_s, T_e\}$ 表示事件行为观测时间的起点和终点;V 表示事件行为所在地点的场景实物。

定义2:
$$V = (S, \text{vid}, T, F_1, F_2, G_1, G_2, \varphi, \lambda)$$

$$N = \begin{bmatrix} N_{11} & \cdots & N_{1n} \\ \vdots & \ddots & \vdots \\ N_{m1} & \cdots & N_{mn} \end{bmatrix}$$

矩阵 N 表示事件概念不同场景实物之间约束关系。

W 表示事件行为中的人物:
$$W = (S, \text{wid}, T, F_1, F_2, G_1, G_2, \varphi, \lambda, \text{action})$$

$$M = \begin{pmatrix} M_{11} & \cdots & M_{1n} \\ \vdots & \ddots & \vdots \\ M_{m1} & \cdots & M_{mn} \end{pmatrix}$$

矩阵 M 表示事件行为中的人物之间的约束关系。

X 表示事件概念起因的集合，$X = \{x_0, x_1, \cdots, x_n\}$。

Y 表示事件概念经过的集合，$Y = \{y_0, y_1, \cdots, y_n\}$。

Z 表示事件概念结果的集合，$Z = \{z_0, z_1, \cdots, z_n\}$。

O，P，Q 均是 $n \times n$ 矩阵，表示 X，Y，Z 集合元素之间的约束关系。

D 表示人体移动大尺度空间轨迹描述，具体实现方法见第 5 章。

6.7.2　事件行为概念场景语义的具体描述

$V = (S, \text{vid}, T, F_1, F_2, G_1, G_2, \varphi, \lambda)$ 表示事件概念行为中的实物。

其中，S 是某一段视频单元状态身份，vid 是该实物在语义节点中的身份，T 为时间的三元组合表示（vid，t_s，t_e），F_1 是 vid 的静态性质，G_1 是静态性质的具体取值，F_2 是实物 vid 的动态性质，φ 是 F_1 的转化操作，λ 是 T 的转化操作。

例如，有两辆汽车在视频场景中，其语义概念节点的描述为：

$$(S, 1, T, F_1, F_2, G_1, G_2, \varphi, \lambda)$$

式中，$S = \{s_1, s_2, \cdots\}$ 是在时间上连续的一系列单元状态；

$T = \{[1,1,5], [1,6,8], [2,1,5], \cdots\}$ 是实物出现的时间点系列；

$F_1 = \{\text{color}, \text{length}, \text{wide}, \text{high}, \cdots\}$；

$F_2 = \{\text{speed}, \text{track}, \text{brake}, \cdots\}$；

$$G_1 = \{红,2.7,1.6,1.7\};G2 = \{40,line,0\};$$
$$\varphi_1(color) = 红,\varphi_2(length) = 2.9,\varphi_3(speed) = 50;$$
$$\lambda(s_1) = [1,1,5],\lambda(s_2) = [1,6,8]。$$

6.7.3　事件行为概念人物元组的具体描述

$W =$ (S, wid, T, F_1, F_2, G_1, G_2, φ, λ, action) 表示某一观察时间间隔中的人物,前面元素和 6.7.2 描述含义一致,多出来的 *action* 指的是简单行为。其检测方法和 6.6 节描述一致。

6.7.4　事件行为因果关系推理方法

事件因果关系以场景和简单行为作为基础,起因、经过、结果都可以是一个或多个简单行为。起因、经过和结果之间是一个因果推理关系,本书依然采用贝叶斯网来进行推理。在这里,贝叶斯网的结构和参数都是未知的,需要进行贝叶斯网络结构和参数的学习。贝叶斯网络结构学习使用 Bayes Net Toolbox for Matlab (Murphy, 2001) 和 the BN Structure Learning Package 等。事件的起因、经过与结果之间的因果关系非常复杂,从简化处理的角度,暂取节点数为 5,网络结构数 $m = 980$,网络节点数和结构数量关系如图 6.18 所示(由于简单行为库的样本提供的因果关系不够丰富,此环节采用的输入数据参数包括来自简单行为层的真实结果和虚拟的一些参数。由人物身份和场景差异引起的行为语义的差异无法获取充足的原始视频资源,身份和场景的背景知识库也通过虚拟一些参数来实现)。事件行为识别的贝叶斯网络参数学习依然采用文献 [191] 提供的方法,行为的推理识别采用文献 [192] 提供的方法,用公式(6-4)进行计算。

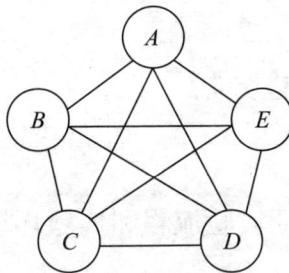

$$[5(5-1)/2]^3 2C_5^3 = 980$$

图 6.18　事件行为推理网络结构基础模型

6.8　运动人体行为语义解释的自然语言规则

运动人体的行为描述来选择输出已经识别的行为。发生的频率越小，显著性越大，发生的频率越大，显著性越小，主要选择显著性大的行为进行输出。

被选择的行为以及与行为相关的概念与事先建立好的自然语言中的行为动词、动词词组、修饰词等进行对应映射。

选择的运动行为与自然语言的对应词组建立映射关系。然后采用汉语言的简单语法规则来生成句子和句组[194]。

定语＝场景语义描述、场景空间关系、感情语义等；

状语＝时间段描述；

主语＝（前缀形容词）＋名词；

宾语＝（前缀形容词）＋名词；

谓语＝（修饰词前缀）＋动词或动词词组＋（修饰词后缀）；

子句＝主语＋谓语＋宾语；

句子＝子句＋标点；

句组＝句子的集合。

6.9 实验及实验分析

6.9.1 功能性验证实验流程和实验环境搭建

实验选用的视频样本资料主要来源于中国科学院自动化研究所生物识别与安全技术研究中心（CBSR）[140]，实验样本的种类如表 6.1 所示。

算法框架验证实验处理分为两个大的过程，在本节所研究和阐述的各种内容包括身体运动跟踪、场景语义提取、人体精确身份识别、人体时空关系描述等，这些都按照前面描述的实验方法搭建实验环境。对于事件行为语义计算（简单行为可以看成是事件行为的特例）的实验，需要记录大量的样本数据、样本参数、语义知识库、数据库、推理规则等，并且需要友好简洁的人机交互界面来实现。为此，选用最简单的可视化编程语言 VB、最简单的数据库工具 ACCESS 来建立一个系统原型，软件的功能结构如图 6.19 所示，软件测试环境如图 6.20 所示。所有的输入信息的时间都必须与视频序列的时间线一致，场景参数、人体运动跟踪与性质维参数、人体时空关系自然语言描述、人体身份参数等都按照前面章节的方法处理好后直接导入软件系统，并存入数据库。

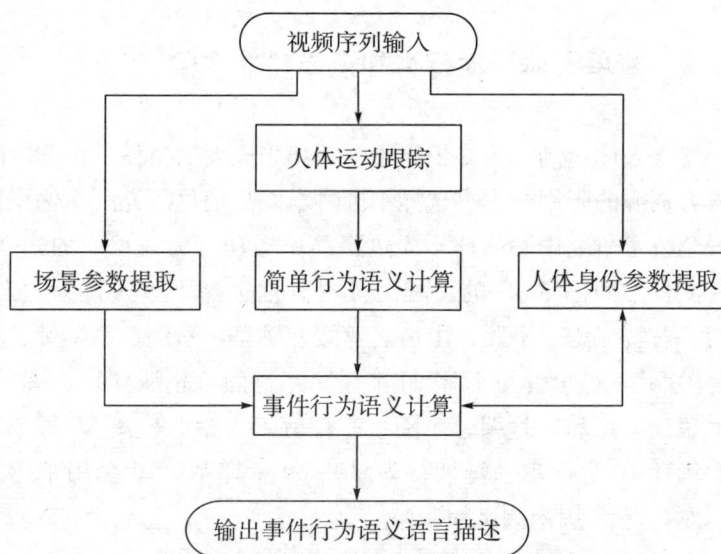

图 6. 19　实验软件平台功能结构图

图 6. 20　事件行为语义计算实验平台

6.9.2　简单人体运动行为知识库建立实验

　　建立人体运动行为知识库是一项相当庞大的工作，由于时间和人力资源的限制，本书选择中国科学院自动化研究所生物识别与安全技术研究中心的样本先进行简单运动行为知识库的建立，建立流程参照图 6.15 的流程。样本分别选择了单人行为"走、左转、右转、跑、下蹲、上坡、弯腰、砸车、晕倒、系鞋带、跳跃、徘徊"，每个行为 10 个样本。交互行为"相遇同行、握手、赶上超过、抢劫、打架、尾随、并排行走、相遇分离"，每个行为也选择 10 个样本（每种行为总共 30 个样本，10 个用来建立知识库，20 个用来测试检验）。

6.9.3　简单人体运动行为语义计算实验

　　图 6.21 是简单行为的一个角度的原始视频（部分），图 6.22 是对应的人体运动跟踪结果（实现方法见第 2 章），表 6.11 是简单行为语义计算的部分过程数据和最终计算结果。

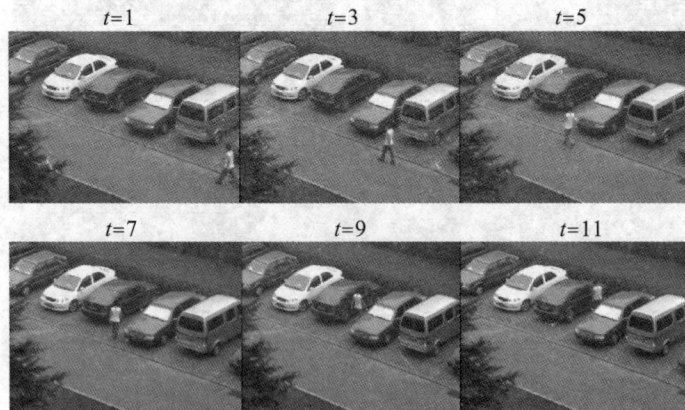

图 6.21　单人运动原始视频正视图（部分）

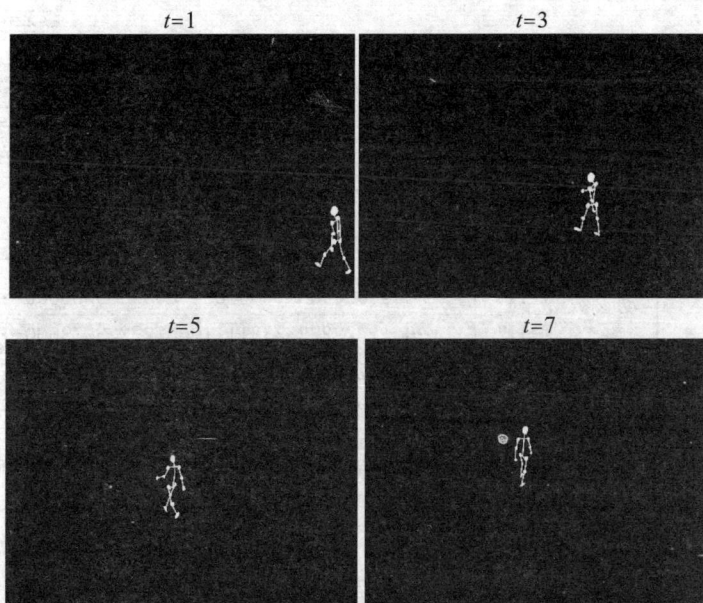

图 6.22　单人运动关键节点跟踪效果输出（部分）

表 6.11　层次化概念空间组框架中单人行为语义计算部分过程数据与结果

时间线		
场景语义	多辆静止汽车、大量树木、灌木→停车场	
身份识别	人体 1	
人体 1 身体运动轨迹	……人体 1 在汽车东南方向，距离较近→人体 1 在汽车的偏南方向，距离很近→人体 1 在汽车的偏南方向边缘→人体 1 在两汽车之间→人体 1 在汽车的偏南方边缘……	
身体姿态原子运动层	概念空间部分性质维参数	…（1.8，0，176，1.1）…（1.7，0，176，1.1）…（1.7，2.0，186，1.12）…
	概念推理结果	…walk…walk…turn right…

时间线			→
肢体原子运动概层	贝叶斯网推理肢体运动参数	H1	···0000002222222222233311111111111111···
		H2	···3333322222233333222222233332223333···
		H3	···0000000000000000000000000000000000···
		H4	···0000011111122200000011112222220011···
		H5	···0002222223331111111100002223333002···
		H6	···0000000000000000000000000000000000···
		H7	···0011222223333311110002222233333000···
		H8	···2222222222222222222222222222222222···
		H9	···2222222222222222222222222222222222···
简单行为语义计算及自然语言描述结果输出			时间 $t=1s$ 到 $t=26s$，人体1在轿车附近徘徊

6.9.4 事件人体运动行为语义计算实验

图 6.23 是事件行为的一个角度的原始视频（部分），图 6.24 是对应的人体运动跟踪结果，表 6.12 是事件行为语义计算的部分过程数据和最终计算结果。

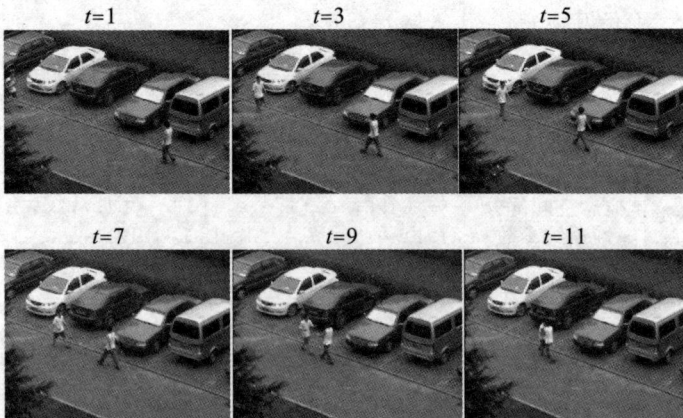

t=1 t=3 t=5

t=7 t=9 t=11

图 6.23　双人运动原始视频正视图（部分）

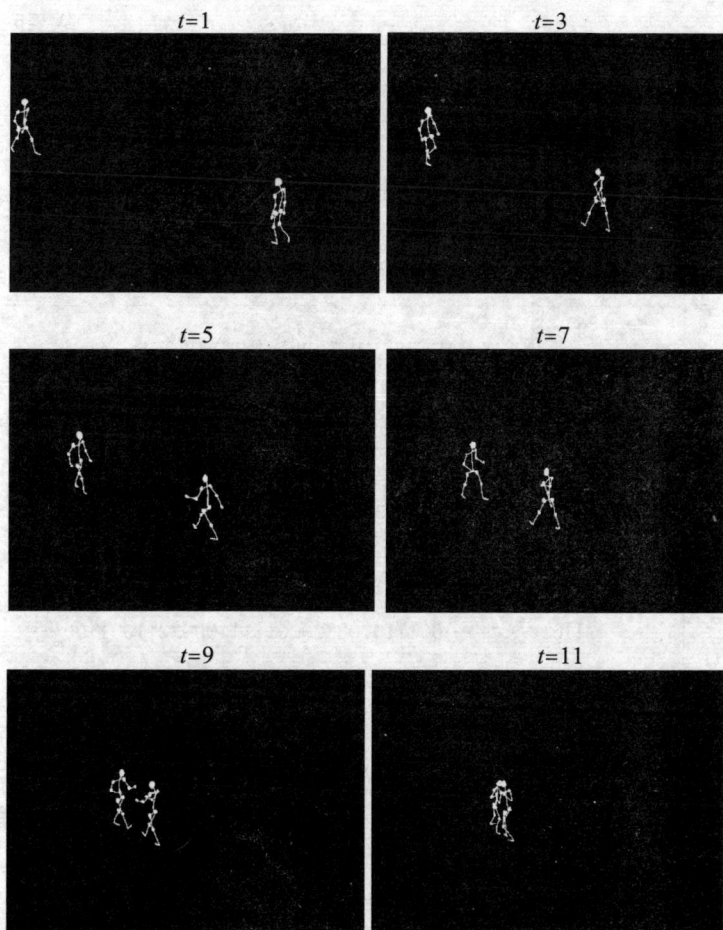

图 6.24　双人运动关键节点跟踪效果输出（部分）

表 6.12　层次化概念空间组框架中双人行为语义计算部分过程数据与结果

时间线	
场景语义	多辆静止汽车、大量树木、灌木→停车场
身份识别	甲、乙

续表6.12

时间线			⟶
甲身体运动轨迹			······人体1距离人体2较远→人体1与人体2部分重叠→······
甲身体姿态层	性质参数		··· (1.8, 0, 176, 1.1) ··· (4.5, 0, 176, 1.16) (2.3, 1.7, 93, 1.16) ··· (1.7, 2.0, 186, 1.12) ···
	概念推理结果		···walk···run···turn left···turn right···
甲肢体层	BN推理参数	H1	···0000002222333300001111133332200···
		H2	···0022233110002231022233112200011···
		H3	···0000111100022200111122200000001110···
		H4	···0002220000112221111000111222111111···
		H5	···0011223333311133332220001111222000···
		H6	···0011100022200011111000222110011100···
		H7	···0011222220001111000222221011000···
甲简单行为			甲跑向乙、与乙有高频率的肢体接触与分开
乙身体运动轨迹			······人体1距离人体2较远→人体1与人体2部分重叠→······
乙身体姿态层	性质参数		··· (1.7, 0, 176, 1.1) ··· (4.8, 0, 176, 1.16) (1.7, 2.0, 186, 1.12) ···
	推理结果		···walk···run···turn right···

续表6.12

时间线			→
乙肢体层	BN 推理参数	H1	⋯00000022211333300001111133112220 0⋯
		12	⋯0022233112222231022233111220001 1⋯
		H3	⋯0002211000222001111211100000001110⋯
		H4	⋯0001110000110001111000111200111 11⋯
		H5	⋯00002233111112211222000111333000⋯
		H6	⋯0022000022200022211000221100110 0⋯
		H7	⋯000000222000111100002211210110 00⋯
乙简单行为			乙跑向甲、与乙有高频率的肢体接触与分开
事件行为语义描述			时间：持续 16 秒；地点：停车场；人物：甲，乙；起因：无；经过：打架；结果：无

6.9.5　对比实验的实验平台搭建

在本书概论中已经讨论，就目前来看，典型的基于语义的行为识别技术包括基于头部模型[117]、基于上下文无关（Context Free Grammar－CFG）的行为识别方法[118]、基于二维刚体模型[119]、潜在语义学习算法[120]和关键点轨迹算法[122]。在这里选择了最具代表性的文献［118］方法、文献［122］方法与本书中的基于层次化概念空间的方法进行了比较。为了准确地进行比较和检验综合效果，需要在逻辑上建立图像获取、特征提取、行为识别、语义计算的统一软硬件识别系统。为此采用了如下的策略：①三种方法共用的数据源为人体运动跟踪的参数，为了保证各种算法输入参数的一致性，图像获取、特征提取、人体跟踪均在 2.8.1 节中的软硬件平台中完成。用表 6.1 所列的相同的视频序列，在单机环境中为文献［118］和文献［122］提取所需跟踪参数，在并行环境中为本书方法提取三维关节点跟踪参数；②本书方法用到的场景分类参数按第 3 章提供的环境和方法获取，身份识别的参数按第 4 章提供的环境和方法获取，大尺度人体轨迹参数按第 5 章提供的环境和方法获取。文献 [118，122] 未使用这些参数，所以不影响对比结果；③为了保证三种算法本身实现的一致性，三种算法的具体实现由 C 语言编写，交互的人机界面由 VB 调用 C 语言的算法来实现，操作系统统一为 Windows XP，硬件平台统一为一台配置为 CPU－AMD 3600＋2.00 GHz，内存 1.00G 的 PC 机。

6.9.6　对比实验结果与讨论

人体行为识别的正确率主要受两个因素影响：①提取的人体运动参数；②识别算法本身的分类能力。就提取人体运动参数来说，文献 [118] 提取的是二维关节点跟踪参数，文献 [122] 提取的是身体主要关键点的跟踪参数，本书方法提取的是大尺度、中尺度和小尺度三个维度的参数，优于前两种方法。就算法识别本身来说，主流的方法有基于时空逻辑的方法和基于支持向量机的方法。支持向量机是建立在统计学理论上的一种分类方法，其分类效果很大程度上受所选择核函数的影响[195]，如何选择适合人体行为识别的核函数还没有成熟的理论指导。人体运动具有非常明显的时空特征，所以基于时空逻辑的方法虽然人工交互量比较大，但依然是一种非常有效的方法。

做比对实验时，每种方法输入了相同的样本参数（每类行为 10 个建模样本，20 个测试样本，测试时每个样本重复 5 次，共进行 100 次实验），实验结果情况如表 6.13 至表 6.15 所示。

表 6.13　文献［118］中的方法实验结果

动作行为	场景语义描述	时间间隔描述	身份识别	事件整体描述	测试总数	正确次数	正确率
靠近	无	有	无	无	100	95	95％
分离	无	有	无	无	100	90	90％
相视	无	有	无	无	100	85	85％
握手	无	有	无	无	100	85	85％
拥抱	无	有	无	无	100	90	90％
打架	无	有	无	无	100	80	80％
总计	无	有	无	无	600	525	88％

表 6.14　文献［122］中的方法实验结果

动作行为	场景语义描述	时间间隔描述	身份识别	事件整体描述	测试总数	正确次数	正确率
靠近	无	有	无	无	100	98	98％
分离	无	有	无	无	100	97	97％
相视	无	有	无	无	100	85	85％
握手	无	有	无	无	100	90	90％
拥抱	无	有	无	无	100	95	95％
打架	无	有	无	无	100	80	80％
总计	无	有	无	无	600	545	90.8％

表 6.15　基于层次化概念空间语义计算方法的实验结果

动作行为	场景语义描述	时间间隔描述	身份识别	事件整体描述	测试总数	正确次数	正确率
靠近	有	有	有	有	100	98	98％
分离	有	有	有	有	100	98	98％
相视	有	有	有	有	100	95	95％

动作行为	场景语义描述	时间间隔描述	身份识别	事件整体描述	测试总数	正确次数	正确率
握手	有	有	有	有	100	96	96％
拥抱	有	有	有	有	100	96	96％
打架	有	有	有	有	100	90	90％
总计	有	有	有	有	600	573	96％

从实验结果比较可以看出，由于对人体运动采用了三维运动跟踪的数据和多尺度描述，并采用了基于时空逻辑的行为识别方法，本书提出的方法对简单行为的识别率可达到95％以上，对复杂行为的识别效率优于其他两种方法。由于本书的方法采用了多层次的语义描述，所以在融入场景语义、人物身份和对复杂事件行为语义因果关系整体描述上具有其他两种方法所不具有的功能。

6.10　本章结论

本章提出了基于层次化概念空间的运动人体行为语义计算的处理框架。层次化概念空间借鉴人类对客观世界认知的规律，经过学习，对客观世界建立概念，在外界条件的刺激下激活概念，实现对客观事物的认知。实验证明，该处理框架是可行和有效的，并且因为融入了场景语义、人体身份，实现了自然语言的描述，既能对运动作出解释，又能最大限度地将视频所代表的信息进行抽象提取，性能维度明显优于其他两种基于语义的方法。将来的工作应致力于：①大样本的概念空间的建立；②系统的自学习功能的研究；③概念激活的不确定处理；④事件行为概念中的各元组都可以建立概念空间，实验只是对简单事件进行了处理，还没进行复杂群体事件中各元组概念空间的建立。

第7章　总结与展望

7.1　研究总结

从海量的视频信息中获取人的活动情况是计算机视觉技术需要解决的主要问题之一。虽然在基于视觉的运动人体行为分析领域，人们取得了很多优秀的成果，但是在人的高层语义理解与场景理解中，人体行为理解融合生物特征识别技术、行为识别的语义鸿沟跨越问题等领域的研究成果还很少，本书针对这些问题开展了运动人体语义计算关键技术的研究，主要贡献如下：

（1）提出了基于 Beowulf 机群中改进粒子滤波的三维人体运动跟踪算法，和以往的研究相比，本书的贡献主要有以下三点：①采用多角度和多特征信息融合的方法，以普通视频为数据源，得到人体的三维信息以提高跟踪算法的鲁棒性；②通过实现三维人体模型参数的自动初始化和粒子数目与跟踪模板的自动调整来提高算法的实用性并实现跟踪失效的自动恢复；③基于任务动态分配策略和低开销通信策略设计了 Beowulf 机群中的迁移式粒子滤波并行算法来解决粒子退化问题和提高计算速度。

（2）以场景分类的主流技术为基础，提出了基于四层树状语义模型的场景语义识别方法。主要的创新工作体现在：①基于多特征融合构建了视觉层，保证和提高了识别效率；②用概念单词频率和空间关联规则实现分类模型，压缩了图像描述，提高了识别速度；③提供了场景高层潜在语义的描述能力。

（3）提出了一种人体身份识别的认知物理学方法，将物理学中物质间相互作用及场的描述方法引入抽象的数域空间，将人脸特征和步态特征用数据场进行表征，借鉴物理学中的力学和运动学原理，利用数据的相互作用和运动对数据进行自组织聚类，以此非线性变换的方式实现身份特征数据的降维。对样本库以最大势函数值进行排序，实现了离散点快速检测和样本检测的二分法查找，从而大幅降低了查找时间。基于改进后的 D-S 证据论对人脸和步态进行融合提高了人体身份识别的精度。创新工作主要体现在：①实现了人脸信息和步态信息的数据场表征；②基于认知物理学方法实现了人脸和步态数据的非线性降维和二分法查找，降低了计算时间；③基于改进后的 D-S 证据论进行了人脸和步态融合，提高了身份识别率。

（4）提出了一种智能视频监控中基于层次化概念空间的视频图像中运动人体行为语义计算新方法。与以往的研究相比，本书有以下几点贡献：①将复杂的运动分解为原子运动概念层、简单行为概念层和事件行为概念层。通过层次化的处理，实现了对复杂运动语义的有效描述。②建立了原子运动的概念空间，包括大尺度身体移动、中尺度姿态和小尺度肢体的原子运动概念，实现了对人体运动的多尺度描述。③基于概念激活函数实现了原子运动的识别，基于时间和空间逻辑规则实现简单行为语义的识别，基于七元组语义模型实现融入场景敏感度和人物身份的事件行为语义的整体的抽象描述。

7.2　研究展望

由于研究时间、条件与水平的限制，运动人体语义计算关键技术的研究还存在不少的问题，将来的工作可以从以下几个方面开展：

（1）对于人体运动跟踪，应注重：①多目标跟踪时应区别人体的身份；②选择在其他并行计算系统，比如并行向量处理机、对称多处理机上做相应的研究工作。

（2）对于场景语义提取，将来的工作应关注三点：①如何提高底层视觉特征提取的准确性，以提高复杂室内场景的分类识别率；②在大样本的情况下，场景分类的计算时间复杂度还是偏大，需要降低 1 至 2 个数量级才能达到实时性的要求，将来的工作应关注如何降低算法的时间复杂度，达到工程应用中实时性的要求。③本书所提出的方法缺乏动态场景的描述能力，这也是将来的研究方向之一。

（3）对于运动人体身份识别，将来的工作应该考虑如何自动建立大样本的数据库，以及大样本数据库条件下算法识别率与识别时间的测试，并考虑如何提高自动降维的时间效率。

（4）对于运动人体行为语义计算方法，将来的工作可以从以下四个方面开展研究和完善：①书中提出运动人体行为语义计算处理框架缺乏自学习能力，提出的概念空间缺乏进化机制的处理，提出的概念激活函数和概念跃迁函数需要更多的行业背景知识来验证和提炼，以提高其普适性。②书中的运动人体行为语义计算框架以考虑功能的实现为主要目的，将来的工作应该关注于算法效率提高及人类群体行为识别语义计算及自然语言描述的研究。目前的工作主要关注于少量个体的语义事件行为的描述，当把运动人体语义计算的对象放大到各种数量级别的人类群体活动，如何建立与之相适应的语义模型、运动模型、语义数据库、行为数据库都将会有大量的研究工作需要去做。③人类的个体行为、组合行为已经非常复杂，群体行为更为复杂，如何完善全面和权威的行为样本数据将是一项具有挑战性的工作，也是将来需要花大量人力、物力进行研究的工作。④目前的研究还停留在行为识别语义计算的水平，如何实现行为预测将是一个具有广阔前景并充满挑战的方向。

参考文献

［1］黎洪松，李达. 人体运动分析研究的若干新进展［J］. 模式识别与人工智能，2009，22（1）：70-77.

［2］王亮，胡卫明，谭铁牛. 人运动的视觉分析综述［J］. 计算机学报，2002，25（3）：226-237.

［3］徐光祐，曹媛媛. 动作识别与行为理解综述［J］. 中国图像图形学报，2009，14（2）：189-195.

［4］AGGARWAL J K，CAI Q，LIAO W，et al. Proceedings of 1994 IEEE Workshop on Motion of Non－rigid and Articulated Objects［C］. New York：IEEE，2002.

［5］CEDRAS C，SHAH M. 1994 Proceedings of IEEE Conference on Computer Vision and Pattern Recognition ［C］. New York：IEEE，2002.

［6］CEDRAS C，SHAH M. Motion－based recognition：a survey［J］. Image and vision computing，1995，13（2）：129-155.

［7］AGGARWAL J K，CAI Q. Human motion analysis：a review［J］. Computer vision and image understanding，1999，73（3）：428-440.

［8］BOBICK A F. Movement activity and action：the role of knowledge in the perception of motion［J］. Philosophical transactions：biological sciences，1997，1358（352）：

1257—1265.

[9] AGGARWAL J K, CAI. Q. Human motion analysis: a review [J]. Computer vision and image understanding, 1999, 73 (3): 428—440.

[10] GAVRILA D M. The visual analysis of human movement: a survey [J]. Computer vision and image understanding, 1999, 73 (1): 82—89.

[11] MOESLUND T B, GRANUM E. A survey of computer vision—based human motion capture [J]. Computer vision and image understanding, 2001, 81 (3): 23—268.

[12] WANG L, HU W, TAN T. Recent developments in human motion analysis [J]. Pattern recognition, 2002, 36 (3): 585—601.

[13] BUXTON H. Learning and understanding dynamic scene activity: a review [J]. Image and vision computing, 2003, 21 (1): 125—136.

[14] WANG J, SINGH J S. Video analysis of human dynamics: a survey [J]. Real—time imaging, 2003, 9 (5): 321—346.

[15] HU W, TAN T, WANG L, et al. A survey on visual surveillance of object motion and behaviors [J]. IEEE Transactions on systems, man, and cybernetics, part C: applications and review, 2004, 34 (3): 334—352.

[16] VALERA M, VELASTIN S A. Intelligent distributed surveillance systems: a review [J]. IEEE Proceedings — vision, image and signal processing, 2005, 152 (2): 192—204.

[17] YILMAZ A, JAVED O, SHAH M. Object tracking: a

survey [J]. ACM Computing surveys, 2006, 38 (4): 113—119.

[18] MOESLUND T B, HILTON A, KRUGER V. A survey of advances in vision — based human motion capture and analysis [J]. Computer vision and image understanding, 2006, 104 (2): 90—126.

[19] POPPE R. Vision — based human motion analysis: an overview [J]. Computer vision and image understanding, 2007, 108 (1): 4—18.

[20] GANDHI T, TRIVEDI M M. Pedestrian protection systems: issues, survey, and challenges [J]. IEEE Transactions on intelligent transportation systems, 2007, 8 (3): 413—430.

[21] PANTIC M, PENTLAND A, NIJHOLT A, et al. Artificial Intelligence for Human Computing [C]. New Delhi: Springer, 2007.

[22] KO T. 2008 37th IEEE Applied Imagery Pattern Recognition Workshop [C]. New York: IEEE, 2008.

[23] KUMAR P, MITTAL A, KUMAR P. Study of robust and intelligent surveillance in visible and multi — modal framework [J]. Informatica, 2007, 31 (4): 63—77.

[24] TURAGA P, CHELLAPPA R, SUBRAHMANIAN V S, et al. Machine recognition of human activities: A survey [J]. IEEE Transactions on circuits and systems for video technology, 2008, 18 (11): 1473—1488.

[25] ZHOU H, HU H. Human motion tracking for rehabilitation—a survey [J]. Biomedical signal processing and control, 2008, 3 (1): 1—18.

[26] ENZWEILER M, GAVRILA D M. Monocular pedestrian detection: survey and experiments [J]. IEEE Transaction pattern analysis and machine intelligence, 2009, 31 (12): 2179-2195.

[27] WEI W, YUNXIAO A. 2009 Second International Conference on Intelligent Networks and Intelligent Systems [C]. New York: IEEE, 2009.

[28] LAVEE G, RIVLIN E, RUDZSKY M. Understanding video events: understanding video events: a survey of methods for automatic interpretation of semantic occurrences in video [J]. IEEE Transactions on systems, man, and cybernetics, part c: applications and reviews, 2009, 39 (5): 489-504.

[29] GERONIMO A. Survey of pedestrian detection for advanced driver assistance systems [J]. IEEE Transaction pattern analysis and machine intelligence, 2010, 32 (7): 1239-1258.

[30] CANDAMO J, SHREVE M, GOLDGOF D B, et al. Understanding transit scenes: A survey on human behavior-recognition algorithms [J]. IEEE Transactions on intelligent transportation systems, 2010, 11 (1): 206-224.

[31] POPPE R. A survey on vision - based human action recognition [J]. image and vision computing, 2010, 28 (6): 976-990.

[32] MECOCCI A, PANNOZZO M, FUMAROLA A. The 3rd International Workshop on Scientific Use of Submarine Cables and Related Technologies, 2003 [C]. New York:

IEEE, 2003.

[33] LUHR S, VENKATESH S, WEST G, et al. PRICAI 2004: Trends in Artificial Intelligence [C]. New Delhi: Springer, 2004.

[34] ZHANG D, GATICA – PEREZ D, BENGIO S, et al. 2005 IEEE Computer Society Conference on Computer Vision and Pattern Recognition [C]. New York: IEEE, 2005.

[35] MAKRIS D, ELLIS T. Learning semantic scene models from observing activity in visual surveillance [J]. IEEE Transaction on systems, man, and cybernetics, 2005, 35 (3): 397—408.

[36] WANG K, POPOOLA O P. 2010 Second World Congress on Nature and Biologically Inspired Computing [C]. New York: IEEE, 2010.

[37] JAGER M, KNOLL C, HAMPRECHT F. A. Weakly supervised learning of a classifier for unusual event detection [J]. IEEE Transactions on image processing, 2008, 17 (9): 1700—1708.

[38] VASWANI N, ROY – CHOWDHURY A K, CHELLAPPA R. Shape Activity: A continuous – state HMM for moving deforming shapes with application to abnormal activity detection [J]. IEEE Transactions on Image Processing, 2005, 14 (10): 1603—1616.

[39] KRATZ L, NISHINO K. 2009 IEEE Conference on Computer Vision and Pattern Recognition [C]. New York: IEEE, 2009.

[40] PRUTEANU—MALINICI I, CARIN L. Infinite hidden

Markov models for unusual—event detection in video [J]. IEEE Transactions on image processing, 2008, 17 (5): 811—822.

[41] XIANG T, GONG S. Incremental and adaptive abnormal behavior detection [J]. Computer vision and image understanding, 2008, 111 (1): 59—73.

[42] ZHANG X, LIU H, GAO Y, et al. Advances in Knowledge Discovery and Data Mining [C]. New Delhi: Springer, 2009.

[43] HUNG Y, CHIANG C, HSU S J, et al. Aging Friendly Technology for Health and Independence [C]. New Delhi: Springer, 2010.

[44] BENEZETH Y, JODOIN P, SALIGRAMA V, et al. 2009 IEEE Conference on Computer Vision and Pattern Recognition [C]. New York: IEEE, 2008.

[45] KIM J, GRAUMAN K. Observe Locally, Infer globally: 2009 IEEE Conference on Computer Vision and Pattern Recognition [C]. New York: IEEE, 2009.

[46] ADAM A, RIVLIN E, SHIMSHONI I, et al. Robust real — time unusual event detection using multiple fixed — locations monitors [J]. IEEE Transactions on pattern analysis and machine intelligence, 2008, 30 (3): 555—560.

[47] XIANG T, GONG S. Video behavior profiling for anomaly detection [J]. IEEE Transactions on pattern analysis and machine intelligence, 2008, 30 (5): 893—908.

[48] ZHOU Y, YAN S, HUANG T S. 2007 IEEE

International Conference on Multimedia and Expo [C].
New York: IEEE, 2007.

[49] PANANGADAN, MATARIC A M, SUKHATME G.
2004 IEEE/RSJ International Conference on Intelligent
Robots and Systems [C]. New York: IEEE, 2005.

[50] CALDERARA S, CUCCHIARA R, PRATI A. 2007
IEEE Conference on Advanced Video and Signal Based
Surveillance [C]. New York: IEEE, 2008.

[51] JUN Z, ZHIJING L. 2008 3rd International Conference
on Innovative Computing Information and Control [C].
New York: IEEE, 2008.

[52] ZHONG H, SHI J, VISONTAI M. Detecting Unusual
Activity in Video [J]. Proceedings of the 2004 IEEE
computer society conference on computer vision and
pattern recognition, 2004, 2: 819−826.

[53] WU X, OU Y, QIAN H, et al. 2005 IEEE/RSJ
International Conference on Intelligent Robots and Systems
[C]. New York: IEEE, 2005.

[54] FOROUGHI H, REZVANIAN A, PAZIRAEE A. 2008
Sixth Indian Conference on Computer Vision, Graphics &
Image Processing [C]. New York: IEEE, 2008.

[55] FOROUGHI H, NASERI A, SABERI A, et al. 2008
4th International Conference on Intelligent Computer
Communication and Processing [C]. New York:
IEEE, 2008.

[56] ROUGIER C, MEUNIER J, ST−ARNAUD A, et al.
Rousseau. 21st International Conference on Advanced
Information Networking and Applications Workshops

［C］. New York：IEEE，2007.

［57］ LAVEE G，KHAN L，THURAISINGHAM B. A framework for a video analysis tool for suspicious event detection ［J］. Multimedia tools and applications，2007，35 (1)：109－123.

［58］ PARK K，LIN Y，METSIS V，et al. Proceedings of the 3rd International Conference on Pervasive Technologies Related to Assistive Environments ［C］. New York：ACM，2010.

［59］ VARADARAJAN J，ODOBEZ J. 2009 IEEE 12th International Conference on Computer Vision Workshops，ICCV Workshops ［C］. New York：IEEE，2009.

［60］ ZHOU G，WU Y. 2009 International Conference on Information Engineering and Computer Science ［C］. New York：IEEE，2009.

［61］ 赵海勇，李成友. 基于多特征融合的运动人体行为识别 ［J］. 计算机应用研究，2012，29 (8)：3169－3172.

［62］ 谷军霞，丁晓青，王生进. 行为分析算法综述 ［J］. 中国图像图形学报，2009，14 (3)：377－386.

［63］ 朱旭东. 基于语义主题模型的人体异常行为识别研究 ［D/OL］. 西安：西安电子科技大学，2011 ［2019－04－06］. http：//kns. cnki. net/KCMS/detail/detail. aspx? dbcode＝CDFD&dbname＝CDFD1214&filename＝1013114406. nh&v＝MTQ2NzVUcldNMUZyQ1VSTE9mWStacEZpamdWN3pJVkYyNkhiSzVHdFhNcVpFYlBJUjhlWDFMdXhZUzdEaDFFUM3E＝.

［64］ COMANICIU D，RAMESH V，MEER P. Proceedings IEEE Conference on Computer Vision and Pattern

Recognition [C]. New York：IEEE，2000.

[65] SANJEEV ARULAMPULAM M, SIMON MASKELL, NEIL GORDON. A tutorial on particle filters for on linear/non − Gaussian Bayesian tracking [J]. IEEE Transactions on signal processing，2002，50（2）：174−188.

[66] 邓宇，李振波，李华. 基于视频的三维人体运动跟踪系统的设计与实现 [J]. 计算机辅助设计与图形学学报，2007，19（6）：769−774.

[67] LIN，SHIH−YAO，CHANG，et al. Computer Vision − ACCV 2009 [C]. New Delhi：Springer，2010.

[68] CHANG，I−CHENG，LIN，et al. 3D human motion tracking based on a progressive particle filter [J]. Pattern recognition，2010，43（10）：3621−3635.

[69] 何彦斌，杨志义. 一种基于 HMM 的场景识别方法 [J]. 计算机科学，2011，38（4）：254−256.

[70] 张月，潘伟. 基于部分连接神经网络的场景识别 [J]. 厦门大学学报（自然科学版），2010，49（4）：482−486.

[71] 陈蕾，陈启军. 上下文场景识别模型的稀疏贝叶斯判别学习方法 [J]. 控制与决策，2012，27（9）：1320−1324.

[72] LU MING ZHANG，YA HONG HAN. Discovering discriminative graph lets for aerial image categories recognition [J]. IEEE Transactions on image processing，2013，22（12）：5071−5083.

[73] ESPINACE P，KOLLAR T. Indoor scene recognition by a mobile robot though adaptive object detection [J]. Robotics and autonomous systems，2013，61（9）：932−947.

［74］ MONAY F，GATICA－PEREZ D．Proceedings of the 12th Annual ACM International Conference on Multimedia ［C］．New York：ACM，2004.

［75］ SIVIC J，RUSSELL B C，EFROS A A，et al．Tenth IEEE International Conference on Computer Vision ［C］．New York：IEEE，2005.

［76］ 刘咏梅，杨帆，于林森．场景语义树图像标注方法 ［J］．中国图像图形学报，2013，18（5）：529－536.

［77］ SHUO YAN LIU，SONGHE FENG．Discriminating semantic visual words for scene classification ［J］．IEICE Transactions on information and systems，2010，93（6）：1580－1588.

［78］ JIU YUE HAO，ZHANG XIONG．A primitive－based traffic scene semantic description model ［J］．Journal of internet technology，2010，11（6）：787－798.

［79］ HAOJIE WEN，LINGXIAN ZHANG．Agricultural disease－control scene determination based on audio－visual fusion ［J］．Journal of food，agriculture and environment，2012，10（3&4）：867－870.

［80］ 纪连恩，张凤军．基于场景语义的 3D 交互体系结构 ［J］．计算机辅助设计与图形学报，2006，18（8）：1236－1242.

［81］ 刘贤梅，张兰兰，郝爱民．复杂三维场景的语义环境模型研究 ［J］．系统仿真学报，2013，25（6）：1196－1201.

［82］ 杜世宏，王桥，李治红．GIS 中自然语言空间关系定义 ［J］．武汉大学学报（信息科学版），2005，30（6）：553－538.

［83］ 郑玥，龙毅．多种空间关系组合的地理位置自然语言描述方法 ［J］．地球信息科学学报，2011，8（4）：466－471.

[84] 邓敏，徐锐. 空间查询中自然语言空间关系与度量空间关系的转换方法研究：以面目标为例 [J]. 测绘学报，2009，38（6）：527−531.

[85] 邓敏，黄雪萍. 利用自然语言空间关系的空间查询方法研究 [J]. 武汉大学学报（信息科学版），2011，36（9）：1089−1093.

[86] 张雪英，闾国年. 自然语言空间关系及其在 GIS 中的应用研究 [J]. 地球信息科学，2007，9（6）：77−81.

[87] 张珂，王小捷. 在观察者参考框架下的空间关系的自然语言描述 [J]. 清华大学学报（自然科学版），2011，51（12）：1831−1838.

[88] SANTOSH K C, WENDLING L, LANIROY B. 2010 20th International Conference on Pattern Recognition [C]. New York：IEEE，2010.

[89] MATSAKIS P, WAWRZYNIAK L, NI J B. Relative positions in words：a system that builds descriptions around allen relations [J]. International journal of geographical information science，2010，24（1）：1−23.

[90] 沈敬伟，温永宁. 时空拓扑关系描述及其推理研究 [J]. 地理与地理信息科学，2010，26（6）：1−5.

[91] CHANG CHOI, JUNHO CHOI, LEE E, etc. Probabilistic spatio−temporal inference for motion event understanding [J]. Neurocomputing，2013，122：24−32.

[92] 高勇，张晶. 移动对象时空拓扑关系模型 [J]. 北京大学学报（自然科学版），2007，43（4）：468−473.

[93] 高勇，刘瑜. 移动点对象与参考地物空间拓扑关系 [J]. 计算机工程，2007，33（22）：57−59.

[94] CHEN L F, LIAO H M, LIN J C, et al. A new LDA－based face recognition system which can solve the small sample size problem [J]. Pattern recognition, 2010, 33 (10): 1713−1726.

[95] TEJA G P, RAVI S. 2012 International Conference on Recent Trends in Information Technology [C]. New York: IEEE, 2012.

[96] KIN K I, JUNG K, KIM H J. Face recognition using kernel principal component analysis [J]. Signal processing letters, 2002, 9 (2): 40−42.

[97] HUA YU, JIE YANG. A direct LDA algorithm for high － dimensional data － with application to face recognition [J]. Pattern recognition, 2001, 34 (1): 2067−2070.

[98] MOGHADDAM B, JEBARA T, PENTLAND A. Bayesian face recognition [J]. Pattern recognition, 2000, 33 (11): 1771−1782.

[99] NEFIAN A V, HAYES M H. Proceedings of the 1998 IEEE International Conference on Acoustics, Speech and Signal Processing [C]. New York: IEEE, 2002.

[100] COOTES T F, TAYLOR C J, COOPER D H, et al. Active Shape models－their training and application [J]. Computer vision and image understanding, 1995, 61 (1): 38−59.

[101] MATTHEWS I, BAKER S. Active appearance models revisited [J]. International Journal of computer vision, 2004, 60 (2): 135−164.

[102] LADES M, VORBRUGGEN J C, BUHMANN J, et al.

Distortion invariant object recognition in the dynamic link architecture [J]. IEEE Trans on computers，1992，42 (3)：300-311.

[103] KYUNGIM BAEK，BRUCE A，DRAPER J，et al. Proceedings of the 4th International Conference on Computer Vision [C]. New York：IEEE，2002.

[104] MOGHADDAM B，PENTLAND A. Probabilistic visual learning for object representation [J]. IEEE Transactions on pattern analysis and machine intelligence，1997，19 (7)：696-710.

[105] TURK M，PENTLAND A. Eigenfaces for recognition [J]. Journal of cognitive neuroscience，1991，3 (1)：71-86.

[106] 李武军，王崇骏. 人脸识别研究综述 [J]. 模式识别与人工智能，2006，19 (1)：58-66.

[107] MURRAY M P，DROUGHT A B，KORY R C. Walking patterns of normal men [J]. Journal of bone and joint surgery，1964，46 (2)：335-360.

[108] MURRAY M P. Gait as a total pattern of movement [J]. American journal of physical medicine，1967，46 (1)：290-332.

[109] 王科俊，候本博. 步态识别综述 [J]. 中国图像图形学报，2007，12 (7)：1152-1160.

[110] 贾睨烨，徐森，王科俊. 行人步态的特征表达及识别综述 [J]. 模式识别与人工智能，2012，25 (1)：72-80.

[111] LEE L，GRIMSON W E L. Proceedings of Fifth IEEE International Conference on Automatic Face Gesture Recognition [C]. New York：IEEE，2004.

[112] CUNADO D, NIXON M S, CARTER J. Audio— and Video — based Biometric Person Authentication [C]. New Delhi: Springer, 1997.

[113] JAMES J LITTLE, JEFFREY E BOYD. Recognizing people by their gait the shape of motion [J]. Journal of computer vision research video, 1998, 1 (2): 1—33.

[114] BAZIN A I, NIXON M S. Proceedings of SPIE — The International Society for Optical Engineering [C]. Southampton: SPIE, 2005.

[115] KALE A, SUNDARESAN A, RAJAGOPALAN A N, et al. Identification of humans using gait [J]. Neurocomputing, 2005, 69 (13): 250—256.

[116] 叶波, 文玉梅, 何卫华. 多分类器信息融合的步态识别算法 [J]. 中国图像图形学报, 2009, 14 (8): 1627—1636.

[117] ATSUHIRO K, MASAN I, TAKESHI T, et al. Proceedings 15th International Conference on Pattern Recognition [C]. New York: IEEE, 2000.

[118] RYOO M S, AGGARWAL J K. 2006 IEEE Computer Society Conference on Computer Vision and Pattern Recognition [C]. New York: IEEE, 2006.

[119] 石跃祥. 图像语义的模型结构描述 [J]. 计算机工程与应用, 2004, 40 (20): 44—46.

[120] KOVASHKA A, GRAUMAN K. 2010 IEEE Computer Society Conference on Computer Vision and Pattern Recognition [C]. New York: IEEE, 2010.

[121] WU X, XU D, DUAN L, et al. 2011 IEEE Conference on Computer Vision and Pattern Recgnition [C]. New

York：IEEE，2011.

[122] JIA LIU，XIAONIAN WANG. Spatio − temporal semantic features for human action recognition [J]. KSII Transactions on internet and information systems，2012，6 (10)：2632−2649.

[123] 王鹏，吕爽，聂治，等. 并行计算应用及实战 [M]. 北京：机械工业出版社，2009：7−9.

[124] ALAN STEWART. A programming model for BSP with partitioned synchronisation [J]. Formal aspects of computing，2011，23 (4)：421−432.

[125] WANG XIAN，AOKI TAKAYUKI. Multi − GPU performances of incompressible flow computation by lattice Boltzmann method on GPU cluster [J]. Parallel computing，2011，37 (9)：521−535.

[126] CHAO − TUNG YANG，CHIH − LIN HUANG，CHENG−FANG LIN. Hybrid CUDA，OpenMP，and MPI parallel programming on multicore GPU clusters [J]. Computer physics communications，2010，182 (1)：266−269.

[127] 曾伟，朱桂斌，陈杰，等. 多特征融合的鲁棒粒子滤波跟踪算法 [J]. 计算机应用，2010，30 (3)：643−646.

[128] 高越，赵丹培，姜志国. 复杂环境下鲁棒目标跟踪方法 [J]. 计算机辅助设计与图形学报，2010，22 (5)：817−822.

[129] SMINCHISESCU C，TRIGGS B. Estimating articulated human motion with covariance scaled sampling [J]. International journal of robotics research，2003，22 (6)：371−391.

[130] BRAY M，KOLLER－MEIER E，VAN GOOL L. Smart particle filtering for high－dimensional tracking [J]. Computer vision and image understanding，2007，106 (1)：116−129.

[131] 沈建峰，杨文明，廖庆敏. 结合部件分割和粒子滤波的 3D 人体运动跟踪 [J]. 计算机辅助设计与图形学学报，2012，24 (2)：191−198.

[132] GALL J，ROSENHAHN B，BROX T，et al. Optimization and filtering for human motion capture [J]. International journal of computer vision，2010，87 (12)：75−92.

[133] 王丹玲，鲁永泉，贾笑捷，等. 实时粒子滤波跟踪算法及实现 [J]. 系统仿真学报，2009，21 (8)：5651−5655.

[134] I－CHENG CHANG，SHIH－YAO LIN. 3D human tracking based on progressive particle filter [J]. Pattern recognition，2010，5 (3)：3621−3635.

[135] 李振波，李华. 基于运动生物力学的三维人体运动模型 [J]. 系统仿真学报，2006，18 (10)：2992−2994.

[136] ZHANG HUA，ZHANG YOUGUANG，LI GUOYAN. Particle－filtering－based approach to undetermined blind separation [J]. AISS：Advances in information sciences and service sciences，2012，4 (6)：305−313.

[137] TAYOR C J T. Reconstruction of articulated objects from point correspondences in a single uncalibrated image [J]. Computer vision and image understanding，2000，80 (8)：349−363.

[138] 唐勇，姜昱明. 彩色图像序列中运动人体轮廓提取 [J]. 计算机工程与设计，2006，27 (20)：3901−3903.

[139] 袁亮. 基于粒子滤波算法的神经丝自动跟踪 [J]. 计算机工程与应用, 2014, 50 (9): 25-31.

[140] 李子青. 行为分析数据库 [CD]. 北京: 中科院生物识别与安全技术研究中心, 2010.

[141] DATTA R, JOSHI D, LI J, et al. Image retrieval: ideas, influences, and trends of the new age [J]. ACM Computing surveys, 2008, 40 (2): 1-60.

[142] FEI-FEI L, PERONA P. 2005 IEEE Computer Society Conference on Computer Vision and Pattern Recognition [C]. New York: IEEE, 2005.

[143] MIKOLAJCZYK K, SCHMID C. A performance evaluation of local descriptors [J]. IEEE Transactions on pattern analysis and machine intelligence, 2005, 27 (10): 1615-1630.

[144] LAZEBNIK S, SCHMID C, PONCE J. 2006 IEEE Computer Society Conference on Computer Vision and Pattern Recognition [C]. New York: IEEE, 2006.

[145] WU JIAN-XIN, REHG J M. 2008 IEEE Conference on Computer Vision and Pattern Recognition [C]. New York: IEEE, 2008.

[146] 赵理君, 唐娉, 霍连志, 等. 场景分类中视觉词包模型方法综述 [J]. 中国图像图形学报, 2014, 19 (3): 333-343.

[147] 王宇新, 郭禾. 用于图像场景分类的空间视觉词袋模型 [J]. 计算机科学, 2011, 38 (8): 265-268.

[148] XING X, LIE L, MENGLE J I, et al. Mobile search with multimodal queries [J]. Proceedings of the IEEE, 2008, 96 (4): 589-601.

［149］伊力哈木. 亚尔买买提. 基于粒子滤波的彩色图像轮廓提取算法研究［J］. 计算机仿真，2013，3（15）：15－20.

［150］ROOP K GOYQL，MAX J EGENHOFER. Similarity of cardinal directions［J］. Computer science，2001，21（21）：36－55.

［151］RODRIGUEZ DL. EGENHOFER M. Determining semantic similarity among entity classes from differentontologies ［ J ］. IEEE Transactions on knowledge and data engineering，2003，15（2）：442－456.

［152］OLIVA A，TORRALBA A. Modeling the shape of the scene：a holistic representation of the spatial envelope［J］. International journal of computer vision，2001，42（3）：145－175.

［153］LI L J，LI F F. 2007 IEEE 11th International Conference on Computer Vision［C］. New York：IEEE，2007.

［154］李德毅. 不确定性人工智能［M］. 北京：国防工业出版社，2005：180－187.

［155］戴晓军，刘常昱，韩旭，等. 数据场在信息表征中的应用［J］. 复旦学报（自然科学版），2004，43（5）：933－936.

［156］淦文燕，李德毅，王建民. 一种基于数据场的层次聚类方法［J］. 电子学报，2006，34（2）：259－262.

［157］王树良，邹珊珊，操保华，等. 利用数据场的表情脸识别方法［J］. 武汉大学学报（信息科学版），2010，35（6）：739－742.

［158］陶建斌，舒宁，沈照庆. 基于数据场聚类的遥感影像分类

方法研究 [J]. 国土资源遥感，2008，(3)：20－23.

[159] 吴涛，金义富，候睿，等. 不确定边缘表示与提取的认知物理学方法 [J]. 物理学报，2013，(6)：163－275.

[160] 李凯，田双亮，耿丽军，等. 基于数据场的人脸特征提取 [J]. 西南民族大学学报（自然科学版），2009，30（4）：32－36.

[161] 伍爵博. 基于云模型与数据场的图像特征提取研究 [D/OL]. 武汉：武汉大学，2010 [2019－04－06]. http://kns. cnki. net/KCMS/detail/detail. aspx?dbcode=CDFD&dbname=CDFDLAST2015&filename=2010166787. nh&v=MTM5NDFYMUx1eFlTN0RoMVQzcVRyV00xRnJDDVVJMT2ZZK1pwRml2bVc3N0lWMTI2SHJLK0dOYkVxSkViUElSOGU=.

[162] 戴晓军，淦文燕，李德毅. 基于数据场的图像数据挖掘研究 [J/OL]. 计算机工程与应用，2004，40（26）：013 [2019－04－07]. http://www. cquc. net:8088/D/Periodical＿jsjgcyyy200426013. aspx.

[163] MURUKESH C，THANUSHKODI K，PADMANABHAN P，et al. Secured authentication through integration of gait and footprint for human identification [J]. Journal of electrical engineering & technology，2014，9 (6)：2118－2125.

[164] KALE A，SUNDARESAN A，RAJAGOPALAN A N，et al. Identification of human gait [J]. IEEE Transaction on image processing，2004；13 (9)：1163－1173.

[165] 李轶. 基于步态与人脸融合的远距离身份识别关键技术研究 [D/OL]. 天津：天津大学，2010 [2019－04－06]. http://kns. cnki. net/KCMS/detail/detail. aspx?dbcode=CDFD&dbname=CDFD1214&filename=1012007315. nh

&v=MDU2NDhHZExOcXBFYlBJUjhlWDFMdXhZUzdE
aDFUM3FUcldNMUZyQ1VSTE9mWStacEZpdmdWci9O
VkYyNkhMTzQ=.

[166] 高伟, 张国印. 一种基于 D−S 证据理论的 P2P 信任模型 [J]. 计算机工程, 2012, 38 (1): 114−116.

[167] 尹慧琳, 王磊. D−S 证据推理改进方法综述 [J]. 计算机工程与应用, 2005, 27 (6): 22−24.

[168] 邓勇, 施文康. 一种改进的证据推理组合规则 [J]. 上海交通大学学报, 2003, 37 (18): 1275−1279.

[169] LEE L, GRMSON W E L. Proceedings of Fifth IEEE International Conference on Automatic Face Gesture Recognition [C]. New York: IEEE, 2002.

[170] LU JIWEN, ZHANG ERHU. Gait recognition for human identification based on ica and fuzzy svm through multiple views fusion [J]. Pattern recognition letters, 2007, 28 (16): 2401−2411.

[171] ZHANG QIANJIN, XU SULI. 2009 International Conference on Information Engineering and Computer Science [C]. New York: IEEE, 2009.

[172] CHIEN J T, WU CHIA − CHEN. Discriminant waveletfaces and nearest feature classifiers for face recognition [J]. IEEE Transactions on pattern analysis and machine intelligence, 2002, 24 (12): 1644−1649.

[173] 吴长彬, 陈霞. 宗地时空拓扑关系表达与判别 [J]. 解放军理工大学学报 (自然科学版), 2012, 13 (1): 51−56.

[174] CHOI, CHANG, CHOI, et al. Probabilistic spatio−temporal inference for motion event understanding [J]. Neurocomputing. 2013, 122 (25): 24−32.

[175] 杜世宏，王桥. GIS 中自然语言空间关系定义 [J]. 武汉大学学报（信息科学版），2005，30（6）：533－538.

[176] 宋子辉. 自然语言理解的中文地址匹配算法 [J]. 遥感学报，2013，17（4）：795－800.

[177] 郭庆胜，杜晓初. 空间拓扑关系定量描述与抽象方法研究 [J]. 测绘学报，2005，34（2）：123－128.

[178] CHOI，CHANG，CHOI，et al. Availability，Reliability and Security for Business，Enterprise and Health Information Systems [C]. New Delhi：Springer，2011.

[179] 许宏. 基于图像差分的关键帧检测技术 [J]. 计算机工程与设计，2010，31（12）：2849－2852.

[180] 楼建光. 路面车辆运动的语义解释 [D/OL]. 北京：中国科学院自动化研究所，2004 [2019－04－06]. http://xueshu. baidu. com/usercenter/paper/show?paperid=cef1a23b1063d6e02b7413256987c06c&site=xueshu _ se.

[181] JIA － LING KOH，CHIN － SUNG LEE，ARBEE L P CHEN. Semantic Video Model for Content－based Retrieval [D/OL]. Taiwan：National Taiwan Normal University，2006 [2019－04－07] http://xueshu. baidu. com/usercenter/paper/show?paperid=ce6a423f107ab05eec9511920af2d77f&site=xueshu _ se&hitarticle=1.

[182] LILAC A E，SAFADI A L. Proceedings 23rd Australasian Computer Science Conference [C]. New York：IEEE，2010.

[183] THANTHRY N，EMMUADI I，SRIKUMAR A，et al. SVSS：Intelligent video surveillance system for aircraft [J]. IEEE Aerospace and electronic systems magazine，

2009，24（10）：23－29.

[184] 刘炳尧，秦世引. 基于概念空间学习认知的机器人目标识别方法 [J]. 北京航空航天大学学报，2012，38（11）：1502－1506.

[185] 刘宗田. 一种模糊概念格模型及其渐近式构造算法 [J]. 计算机学报，2007，30（2）：77－83.

[186] 苗夺谦. 粒计算：过去，现在与展望 [M]. 北京：科学出版社，2007：107－115.

[187] 郭佳宏. 基于概念空间理论的概念进化 [J]. 学术研究，2009，（2）：49－53.

[188] 王晓峰，洪磊. 基于云的概念空间模型研究 [J]. 计算机工程与应用，2010，46（2）：202－206.

[189] 袁河洋. 基于视频的车辆速度检测方法研究 [D/OL]. 大连：大连海事大学，2013 [2019－04－06]. http://kns.cnki.net/KCMS/detail/detail.aspx?dbcode=CMFD&dbname=CMFD201302&filename=1013204782.nh&v=MTY2NzRya1VMck1WRjI2SGJHNEd0YkVyWkViUElSOGVYMUx1eFlTN0RoMVQzcVRyV00xRnJJDVVJMT2ZZK1pwRmk=.

[190] 马挧. 基于贝叶斯网络的动态预测模型研究及应用 [D/OL]. 哈尔滨：哈尔滨工程大学，2012 [2019－04－06]. http://kns.cnki.net/KCMS/detail/detail.aspx?dbcode=CMFD&dbname=CMFD201301&filename=1013172045.nh&v=MjQ2NDNVUkxPZlkrWnBBaXNXQkwwcmd1OxZGMjYZIYksvSE5ISXFwRWJJQSVI4ZVgxTHV4WVM3RGgxVDNRGgxVDNxVHJXTTFGckJXTTFGcklM=.

[191] 王双成，冷翠平. 贝叶斯网络自适应学习 [J]. 小型微型计算机系统，2009，30（4）：706－709.

[192] 肖秦琨，高嵩. 贝叶斯网络在智能信息处理中的应用 [M]. 北京：国防工业出版社，2012：14-23.

[193] ALLEN J F, FERGUSON G. Action and events in interval temporal logic [J]. Journal of logic and computation，1994，4 (5)：531-579.

[194] 金翔宇，孙正兴，张福炎. 一种中文文档的非受限无词抽词方法 [J]. 中文信息学报，2001，15 (6)：33-39.

[195] 丁世飞，齐丙娟，谭红艳. 支持向量机理论与算法研究综述 [J]. 电子科技大学学报，2011，40 (1)：2-10.